내신공략! 독해공략!

내공
중학영어독해

기본 **1**

DARAKWON

내공 중학영어독해 기본 ❶

지은이 Jake Gardner, 김유영
펴낸이 정규도
펴낸곳 (주)다락원

초판 1쇄 발행 2016년 10월 10일
초판 10쇄 발행 2024년 1월 9일

편집 서정아, 서민정
디자인 더페이지(www.bythepage.com)
영문 감수 Mark Holden, Michael A. Putlack

다락원 경기도 파주시 문발로 211
내용문의 (02)736-2031 내선 503
구입문의 (02)736-2031 내선 250~252
Fax (02)732-2037
출판등록 1977년 9월 16일 제 406-2008-000007호

ISBN   978-89-277-0786-8 54740
       978-89-277-0783-7 54740 (set)

http://www.darakwon.co.kr
다락원 홈페이지를 방문하시면 상세한 출판정보와 함께
동영상강좌, MP3자료 등 다양한 어학 정보를 얻으실 수 있습니다.

내신공략! 독해공략!

내공
중학영어독해

기본**1**

DARAKWON

구성 및 특징

독해 지문 학습

Unit별로 다양한 주제의 지문 4개를 학습합니다.
레벨이 올라갈수록 지문의 주제와 내용도 점점
다양해집니다.

지문 정보 요약

지문의 주제, 단어 수, 난이도를
한눈에 확인할 수 있습니다.
(난이도 상 ★★★, 중 ★★☆, 하 ★☆☆)

GRAMMAR in Textbooks

Unit마다 각 학년별 교과서와 연계된 문법사항이
2개씩 수록되어 있습니다.

Animal | 148 words | ★★★

Q

What animals live
in the ocean but
are not fish?

22 Thirsty Dolphins

Every animal on the Earth needs water to survive. Land animals must
find fresh water to drink. Marine fish can drink seawater. Seawater
contains a lot of salt, so fish use their *gills to remove the salt when they
drink it. But what about dolphins? Dolphins are mammals that live in
the sea. They do not have gills, so they cannot drink seawater. Seawater is 5
very salty, and mammals will get very sick if they drink it. So how do they
get water?

Dolphins get water from their food. They usually eat fish and
squid. Fish and squid contain water in their bodies, and it has less salt
than seawater. If a dolphin cannot find food, it will die of *dehydration 10
before it starves. Dehydration happens when an animal does not have
enough water in its body. So when a dolphin is
thirsty, it doesn't drink. It _____!

*gill 아가미
*dehydration 탈수증

GRAMMAR in Textbooks

주격 관계대명사 선행사를 수식하는 형용사절을 이끌며, 선행사에 따라 who, which, that이 쓰인다.
주격 관계대명사 뒤에는 동사가 이어진다.
I know the girl **who[that]** lives next door. 나는 옆집에 사는 소녀를 안다. (사람+who[that]+동사)
(I know the girl. + She lives next door.)
The bus **which[that]** goes to the hotel runs every 30 minutes.
호텔까지 가는 버스는 30분마다 있다. (사물+which[that]+동사)

Unit별 주요 어휘 학습

Unit별 주요 어휘와 숙어를 한데 모아 제시했습니
다. 상단 QR코드 스캔 시 원어민 성우의 발음을 확
인해볼 수 있습니다.

Before Reading

1 글의 주제로 가장 알맞은 것은?

　① Dolphins' eating habits
　② How dolphins communicate
　③ How dolphins get their water
　④ Animals that live in the ocean
　⑤ How dolphins and fish are different

2 돌고래에 관한 글의 내용과 일치하지 않는 것은?

　① They are not fish.
　② They do not have gills.
　③ They live in the sea.
　④ They eat fish in the ocean.
　⑤ They drink seawater if they are thirsty.

3 글의 빈칸에 들어갈 말로 가장 알맞은 것은?

　① eats　　　　　　② rests
　③ plays　　　　　　④ swims
　⑤ sleeps

✅ **Summary** Use the words in the box to fill in the blanks.

food	salty	mammals	seawater

Dolphins are ＿＿＿＿＿＿ that live in the ocean. Unlike fish, they don't have gills and do not drink ＿＿＿＿＿＿. The water is too ＿＿＿＿＿＿ for dolphins. Instead, they eat smaller fish in the ocean. The fish contain water in their bodies. So dolphins get their water from their ＿＿＿＿＿＿.

UNIT 06 | 75

지문 이해도 확인

주제 찾기, 세부사항 파악, 추론 등 지문의 이해도를 높여주는 독해 문제와 내신 대비 서술형 문제가 수록되어 있습니다. 지문마다 4~5문제가 출제되며, 지문에 따라 Summary 문제가 수록되어 있습니다.

● 지문 QR코드
　QR코드를 스캔만 하면 해당 지문의 MP3 파일을 바로 들어볼 수 있습니다. 스마트 기기에 QR코드 인식앱을 설치한 후 사용하세요.

● Expand Your Knowledge
　지문과 관련된 배경지식과 상식을 넓힐 수 있습니다.

After Reading

Workbook　　　Final Test

Unit별 주요 구문 복습

독해 지문에서 해석이 어렵거나 독해에 필요한 중요 구문만을 뽑아 복습할 수 있도록 정리했습니다.

Workbook
Unit별 중요 어휘, 문법, 구문을 다양한 문제와 새로운 예문을 통해 복습할 수 있습니다.

내신 대비 Final Test(온라인 부가자료)
Unit별 어휘, 문법, 독해 지문을 학교 내신 기출 유형으로 풀어 볼 수 있습니다. 시험을 보는 기분으로 문제를 풀어보세요.

목차

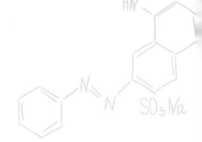

내공 중학영어독해
내신 교과 과정 문법 연계표
기본 1·2

	기본 1	교과 과정	기본 2	교과 과정
Unit 01	(a) few/(a) little	중2	to부정사의 부사적 용법(원인)	중2, 중3
	keep+목적어+형용사	중2	지각동사	중2
Unit 02	현재완료	중2	It ~ for+명사(목적격)+to부정사	중3
	현재완료 계속	중2	to부정사의 부정	중2, 중3
Unit 03	to부정사의 형용사적 용법	중2	enough+to부정사	중2, 중3
	수동태	중2	간접의문문	중2, 중3
Unit 04	want+목적어+to부정사	중2, 중3	so ~ that …	중2, 중3
	too ~ to부정사	중2	의문사+to부정사	중2, 중3
Unit 05	사역동사	중2, 중3	관계대명사 what	중2, 중3
	동등 비교	중1, 중2, 중3	부분 부정	중2, 중3
Unit 06	주격 관계대명사	중2	관계부사	중2, 중3
	not only A but also B	중2, 중3	because of	중2, 중3
Unit 07	목적격 관계대명사	중2, 중3	비교급을 이용한 최상급 표현	중1, 중2
	감정을 나타내는 분사	중2, 중3	the+비교급, the+비교급	중2, 중3
Unit 08	재귀대명사	중2	현재분사/과거분사	중2, 중3
	양보 접속사 although	중2, 중3	It is/was ~ that … 강조 구문	중2, 중3

Unit 01

01 **Facebook Depression**
나만 빼고 다 행복해, SNS 우울증

02 **Manta Rays**
바다의 인기 스타, 만타가오리

03 **Reading Fever**
독서가 위험하다고?

04 **No Long Hair!**
디즈니랜드의 별난 규정

GRAMMAR in Textbooks

· (a) few / (a) little
For this reason, there are **few** manta rays left in some areas.

· keep+목적어+형용사
But they must always **keep them short and neat**.

01 Facebook Depression

· share	동 공유하다	· survey	동 설문 조사하다
· opinion	명 의견	· frequently	부 자주
· thought	명 생각	· be more likely to-v	~할 가능성이 더 높다
· keep in touch	연락하고 지내다	· expert	명 전문가
· positive	형 긍정적인	· post	동 게시하다
· cause	동 야기하다 명 원인	· disappointed	형 실망한
· depression	명 우울증	· limit	동 제한하다

02 Manta Rays

· up to	~까지	· protect	동 보호하다
· wide	형 너비가 ~인	· illegal	형 불법의
· tropical	형 열대의	· capture	동 포획하다
· harm	동 해치다	· realize	동 깨닫다
· graceful	형 우아한	· be willing to-v	기꺼이 ~하다
· fisherman	명 어부	· single	형 단 하나의
· in the past	과거에		

03 Reading Fever

· spend 시간 -ing	~하며 시간을 보내다	· alone	형 혼자
· novel	명 소설	· behavior	명 행동
· waste	동 낭비하다	· fever	명 열기
· mental	형 정신적인	· mania	명 열광
· laugh	동 웃다	· ban	동 금지하다

04 No Long Hair!

· until	전 ~까지	· rule	명 규칙
· enter	동 들어가다	· negative	형 부정적인
· gate	명 문	· facial	형 얼굴의
· meet	동 만나다; *충족시키다	· relax	동 휴식을 취하다; *완화하다
· mustache	명 콧수염	· enough	형 충분한
· beard	명 턱수염	· neat	형 단정한

영어는 우리말로, 우리말은 영어로 쓰시오. ▶ 단어/숙어 기본 연습

1 웃다	l_____	21 graceful	_____
2 depression	_____	22 게시하다	p_____
3 behavior	_____	23 제한하다	l_____
4 낭비하다	w_____	24 fever	_____
5 혼자	a_____	25 공유하다	s_____
6 novel	_____	26 disappointed	_____
7 mustache	_____	27 전문가	e_____
8 relax	_____	28 thought	_____
9 들어가다	e_____	29 보호하다	p_____
10 규칙	r_____	30 너비가 ~인	w_____
11 tropical	_____	31 ban	_____
12 beard	_____	32 의견	o_____
13 충분한	e_____	33 fisherman	_____
14 negative	_____	34 불법의	i_____
15 cause	_____	35 capture	_____
16 설문 조사하다	s_____	36 harm	_____
17 frequently	_____	37 gate	_____
18 정신적인	m_____	38 단 하나의	s_____
19 facial	_____	39 깨닫다	r_____
20 positive	_____	40 neat	_____

다음 우리말과 같도록 빈칸에 알맞은 말을 쓰시오. ▶ 문장 속 숙어 확인

1 Let's _____ _____ _____. 연락하고 지내자.

2 _____ _____ _____, people traveled mainly on foot.
과거에, 사람들은 주로 걸어서 이동했다.

3 Some sea turtles can live _____ _____ 100 years.
일부 바다 거북은 100살까지 살 수 있다.

4 I _____ _____ _____ help you. 나는 당신을 기꺼이 돕겠습니다.

5 Boys _____ _____ _____ _____ play
games. 남자 아이들은 게임을 할 가능성이 더 높다.

01 Facebook Depression

How important is social media to you?

These days, social media is popular. People use it to share opinions, thoughts, and other information. It is also a great way to keep in touch with friends and family.

Social media is not all positive though. It can cause depression. In the U.S., researchers surveyed people between the ages of 19 and 5 32. They found that people who used social media frequently were more likely to be depressed. This *phenomenon is called "Facebook depression." Experts say that they know its cause. People post things on social media to make their lives look great. Then, other people look at their great lives. They feel disappointed that their lives are not good. It 10 makes some people feel depressed.

If you feel depressed, you should limit your time on social media. You should also remember that nobody's life is perfect. Everything looks much better on social media. 15

*phenomenon 현상

1   글의 주제로 가장 알맞은 것은?

① How to deal with depression
② How to use your time wisely
③ The advantages of social media
④ The signs of Facebook depression
⑤ How social media can make people unhappy

2   Facebook depression에 관한 글의 내용과 일치하면 T, 그렇지 않으면 F를 쓰시오.

(1) 십대들에게만 나타나는 증상이다. _____

(2) 우울증의 정도는 소셜미디어 사용량에 비례한다. _____

3   글에 따르면, Facebook depression의 주된 원인은?

① 악플   ② 친구의 부재
③ 사생활 노출   ④ 학업 성적 저하
⑤ 타인과의 비교

※   서술형

4   Find the word in the passage which has the given meaning.

_____ : to reduce or control someone's
                  freedom to do what they want

※   서술형

5   다음 빈칸에 알맞은 말을 글에서 찾아 쓰시오.

Spending too much time on _____ can
cause _____.

02 Manta Rays

Are there any animals protected by law in your country?

*Manta rays are the largest of all rays. The largest one can be up to 7 meters wide. Manta rays live in warm and tropical waters and do not harm humans. They are also graceful swimmers. They move slowly and fly through the water like birds. They look very beautiful when they swim. 5

However, some people kill them and sell them. Fishermen can make from forty to five hundred dollars by selling one ray. For this reason, there are few manta rays left in some areas. In the past, Indonesian fishermen hunted and killed many manta rays. However, in 2014, Indonesia started to protect manta rays. It is now illegal to capture 10 or kill manta rays there.

Indonesia realized that tourists liked to watch manta rays. Tourists are willing to pay to look at them in the ocean. A single ray will bring in more than one million dollars over its 15 lifetime. So Indonesia will make much more money by protecting rays.

*manta ray 만타가오리

GRAMMAR in Textbooks

8행 ➤ (a) few / (a) little: a few, a little은 '소수의', '약간의', few, little은 '거의 없는'의 의미이다.
a few, few는 셀 수 있는 명사를, a little, little은 셀 수 없는 명사를 수식한다.
He has **a few** friends at school. 그는 학교에 친구가 몇 명 있다.
He has **few** friends at school. 그는 학교에 친구가 거의 없다.
There is **a little** food left. 음식이 약간 남아 있다.
There is **little** food left. 음식이 거의 남아 있지 않다.

1 **만타가오리에 관한 글의 내용과 일치하지 <u>않는</u> 것은?**

① 가오리 중 가장 크다.

② 너비가 7미터에 이르기도 한다.

③ 온대와 열대수역에 산다.

④ 사람을 공격하기도 한다.

⑤ 한 마리당 500달러까지 거래되기도 한다.

2 **글의 내용과 일치하면 T, 그렇지 않으면 F를 쓰시오.**

(1) Manta rays are protected by law in Indonesia. _____

(2) Manta rays are worth more when they are alive than dead. _____

3 **글에 따르면, 인도네시아 정부가 만타가오리를 보호하는 이유는?**

① 국제 기구의 요청에 따라

② 비싼 가격에 팔 수 있어서

③ 약품 재료로 쓰이기 때문에

④ 관광자원으로 활용하기 위해

⑤ 멸종 위기에 처해있기 때문에

※ 서술형

4 **다음 빈칸에 알맞은 단어를 글에서 찾아 쓰시오.**

In Indonesia, people must not _____ or _____ manta rays.

03 Reading Fever

Have you ever laughed or cried while reading a book?

Do you like reading novels? Many people spend hours reading. Novels became popular in the 1700s. At that time, some people thought that young people read too much. They were worried that young people were wasting too much time.

They also believed that reading caused mental problems. Readers would laugh at funny parts and cry at sad parts. People often looked at laughing or crying readers. They were alone. They only had a book. Why were they laughing or crying? It was <u>strange behavior</u> then. They called this new mental problem "reading fever" or "reading mania" Both "fever" and "mania" were used when someone was crazy about something.

People thought the books were the problem. So some countries banned many popular novels. Now, we know this is not true. Do you cry or laugh when you read? You're lucky! These days, no one will think you are crazy.

5

10

15

1 글의 주제로 가장 알맞은 것은?

① 소설의 역사

② 독서의 장단점

③ 18세기에 인기 있었던 소설들

④ 독서가 사람들에게 미치는 영향

⑤ 18세기 독서 열기와 그에 대한 우려들

2 글에 따르면, 18세기 독서 열기의 배경은 무엇인가?

① 인쇄술의 발달　　　② 소설의 인기　　　③ 교육 수준 향상

④ 도서관 수 증가　　　⑤ 인기 작가의 등장

3 What did people think of books in the eighteenth century?

① They were good.

② They were boring.

③ They were dangerous.

④ They were difficult to read.

⑤ They were only for young people.

서술형

4 글의 밑줄 친 strange behavior가 의미하는 구체적인 내용을 우리말로 쓰시오.

_____

Summary **Use the words in the box to fill in the blanks.**

read	crazy	novels	dangerous

_____ became popular in the 1700s. Readers spent hours reading and sometimes laughed or cried when they _____. People thought readers were going _____. Some countries even banned popular novels. Now we can read as much as we want. No one thinks reading is _____.

04 No Long Hair!

Q Does your school have a dress code or hairstyle regulations?

Until the late 1960s, men with long hair could not enter Disneyland. Park workers stopped men with long hair at the gates. The workers told them that they did not meet (a) the park's *dress code.

Originally, only Disneyland workers had to have short hair. They could not have mustaches or beards either. However, Disneyland *applied some of these rules to park guests, too. At that time, people had a negative image of men with long hair or facial hair. Disneyland thought that park guests would not like to see those people at the park. 5

In the 1970s, Disneyland relaxed the rules for park guests. Men with long hair could enter the park. But Disneyland kept the rules for 10

its workers. In 2000, Disneyland needed more workers but could not find enough people. For this reason, it changed the rules again. Now Disneyland workers can have mustaches. But they must always keep (b) them short and neat. 15

*dress code 복장 규정
*apply 적용하다

GRAMMAR in Textbooks

15행 ▶ keep + 목적어 + 형용사: ~을 …하게 유지하다
동사 keep 외에도 make, find, leave 등도 목적보어로 형용사가 쓰일 수 있다.
The song **makes** me **happy**. 그 노래는 나를 행복하게 만든다.
I **found** the book very **boring**. 나는 그 책이 매우 지루하다고 생각했다. (find = think, feel)
Leave the door **open**, please. 문을 그대로 열어두세요.

1 밑줄 친 (a) the park's dress code에 관해 내용과 일치하지 <u>않는</u> 것은?

① 직원들을 대상으로 만든 규정이었다.

② 공원 입장객에게도 일부 규정들을 적용했다.

③ 직원들의 긴 머리와 수염을 금지했다.

④ 시간이 지날수록 점차 완화되었다.

⑤ 오늘날까지도 직원들의 수염은 허용되지 않는다.

2 글에 따르면, 머리 긴 남성들의 디즈니랜드 입장이 가능해진 시기는?

① 1950년대 ② 1960년대 ③ 1970년대

④ 2000년대 ⑤ 가능하지 않음

3 글의 밑줄 친 (b) <u>them</u>이 가리키는 것은?

① park guests ② men with long hair

③ the rules ④ workers

⑤ mustaches

※ 서술형

4 2000년에 디즈니랜드가 규정을 바꾼 이유를 글에서 찾아 우리말로 쓰시오.

_____

※ 서술형

5 빈칸에 공통으로 들어갈 알맞은 단어를 글에서 찾아 쓰시오.

> · Our school tried to _____ the students' needs.
>
> · In some countries, people often shake hands when they
>   _____ .

focus On Sentences › 중요 문장 다시 보기

A   다음 문장을 밑줄 친 부분에 유의하여 우리말로 해석하시오.

1   People who used social media frequently <u>were more likely to be</u> depressed.

_____

2   For this reason, there are <u>few</u> manta rays left in some areas.

_____

3   Many people <u>spend hours reading</u>.

_____

4   The workers told them that they did not <u>meet the park's dress code</u>.

_____

B   우리말과 같은 뜻이 되도록 주어진 말을 바르게 배열하시오.

1   사람들은 자신의 삶이 멋지게 보이게 하기 위해 소셜미디어에 글을 올린다.

People _____ to make their lives look great.
           (social media, things, post, on)

2   가장 큰 것은 너비가 7미터까지 될 수 있다.

The largest one can _____.
                        (wide, 7, up, meters, be, to)

3   그들은 항상 그것들을 짧고 단정하게 유지해야 한다.

They must always _____.
                     (short, neat, them, keep, and)

C   우리말과 같은 뜻이 되도록 빈칸에 알맞은 말을 쓰시오.

1   그것은 또한 친구, 가족들과 연락하고 지내는 훌륭한 방법이다.

It is also a great way to _____ _____ _____ with friends
and family.

2   관광객들은 바다에서 그들을 보기 위해 기꺼이 돈을 지불한다.

Tourists _____ _____ _____ pay to look at them in the
ocean.

3   1960년대 후반까지, 장발의 남성들은 디즈니랜드에 들어갈 수 없었다.

_____ the late 1960s, men with long hair could not enter Disneyland.

Unit 02

GRAMMAR in Textbooks

• 현재완료
Have you ever **heard** of crowdfunding?

• 현재완료 계속
They **have done** this **for** more than 30 years.

05
The Cockroach of the Ocean

• lobster	몡 바닷가재	• serve	통 제공하다
• once	부 한때	• passenger	몡 승객
• plentiful	혱 풍부한	• exotic	혱 이국적인
• homeless	혱 노숙자의	• during	전 ~ 동안
• slave	몡 노예	• catch	통 잡다
• prisoner	몡 죄수	• luxury	혱 사치의, 고급의
• far from	~에서 멀리		

06
Crowdfunding

• raise money	돈을 모으다	• fund	통 자금을 대다
• amount	몡 양, 액수	• various	혱 다양한
• business	몡 사업(체)	• reward	몡 보상
• charity	몡 자선 단체	• receive	통 받다
• personal	혱 개인적인	• as a joke	농담[장난] 삼아

07
A Lost-and-Found Dog

• coast	몡 해안, 연안	• present	몡 선물
• belongings	몡 소지품	• local	혱 지역의
• run away from	~에서 도망치다	• adopt	통 입양하다
• backyard	몡 뒤뜰	• shocked	혱 충격을 받은
• report sth missing	분실 신고를 하다	• end up	결국 ~에 처하게 되다
• shelter	몡 보호소	• be apart	떨어지다
• decide to-v	~하기로 결심하다		

08
The 9 Nanas

• bake	통 굽다	• bill	몡 고지서, 청구서
• mission	몡 임무	• package	몡 상자
• cleaners	몡 세탁소	• note	몡 쪽지, 메모
• do (the) laundry	빨래하다	• along with	~와 함께
• in need	어려움에 처한	• include	통 포함하다
• secretly	부 몰래	• homemade	혱 집에서 만든

A 영어는 우리말로, 우리말은 영어로 쓰시오. ▶단어/숙어 기본 연습

1 coast	_____	
2 양, 액수	a_____	
3 충격을 받은	s_____	
4 선물	p_____	
5 사업(체)	b_____	
6 fund	_____	
7 고지서, 청구서	b_____	
8 secretly	_____	
9 serve	_____	
10 exotic	_____	
11 luxury	_____	
12 뒤뜰	b_____	
13 shelter	_____	
14 belongings	_____	
15 지역의	l_____	
16 adopt	_____	
17 during	_____	
18 잡다	c_____	
19 cleaners	_____	
20 bake	_____	

21 남편	h_____
22 note	_____
23 include	_____
24 plentiful	_____
25 임무	m_____
26 slave	_____
27 charity	_____
28 노숙자의	h_____
29 한때	o_____
30 prisoner	_____
31 personal	_____
32 receive	_____
33 package	_____
34 reward	_____
35 다양한	v_____
36 homemade	_____
37 승객	p_____
38 run away from	_____
39 decide to-v	_____
40 be apart	_____

B 다음 우리말과 같도록 빈칸에 알맞은 말을 쓰시오. ▶문장 속 숙어 확인

1 Is your school _____ _____ here? 너의 학교는 여기서 머니?

2 They raised money to help people _____ _____.
그들은 어려움에 처한 사람들을 돕기 위해 돈을 모았다.

3 I just said it _____ _____ _____. 난 그것을 농담 삼아 말했을 뿐이야.

4 He _____ _____ in jail. 그는 결국 감옥 신세에 처하게 되었다.

5 You'd better _____ the card _____.
너는 카드 분실 신고를 하는 게 좋겠어.

05 The Cockroach of the Ocean

What food is considered a luxury in your country?

Lobster is a popular food. But it was once called the "cockroach of the ocean." It was so plentiful and cheap. People gave it to homeless people, slaves, prisoners, and even animals.

So how did lobster become so popular? It started on trains in the late 1800s. Many people who lived far from the ocean did not know what lobster was. So the railway companies could serve it to those passengers. The passengers liked it. They thought it was an exotic food. Then, during World War II, many people began eating lobster. Other foods were difficult to find, but lobster was easy to get. Even rich people thought that it was delicious.

After World War II, more and more people ate lobster. So there were fewer and fewer lobsters in the oceans. They were harder to catch.

They were smaller. The price of lobster went up. These days, lobster is a popular food. But it is also a luxury food.

1 글의 주제로 가장 알맞은 것은?

① How to cook lobster

② Popular lobster dishes

③ The lobster's nicknames

④ How lobster became popular

⑤ The health benefits of lobster

2 글에 따르면, 바닷가재가 'cockroach of the ocean'이라고 불렸던 이유는?

① 맛이 없어서

② 번식이 빨라서

③ 전염병을 옮겨서

④ 너무나 많고 값이 싸서

⑤ 생김새가 바퀴벌레와 닮아서

3 바닷가재에 관한 글의 내용과 일치하면 T, 그렇지 않으면 F를 쓰시오.

(1) Railway companies helped make lobster popular. _____

(2) Until the late 1800s, only rich people ate lobster. _____

※ 서술형

4 글의 내용과 일치하도록 다음 질문에 답하시오.

Q: During World War II, why did people eat lobster?

A: Because _____

※ 서술형

5 Find the word in the passage which has the given meaning.

_____ : existing in large amounts or numbers

06 Crowdfunding

How can a person raise money for a business idea?

Have you ever heard of crowdfunding? It is a way to raise money by getting small amounts of money from many people. It can be used to collect money for a business, charity, or personal needs.

Today, people crowdfund on the Internet. The most popular site is Kickstarter. It was created in 2009. On Kickstarter, people fund a project 5 and then get various rewards. _____, they can receive T-shirts or a special "Thank you." They can also test the product before it is sold. The most successful project on Kickstarter in 2015 was Pebble Time. It is a smartwatch that has a special screen. The project made a million dollars in around 30 minutes. 10

A man even used Kickstarter to get money to make potato salad. He started it as a joke. But by the end of his campaign, he had 55,492 dollars! He had a big potato salad party for everyone who gave him money. 15

GRAMMAR in Textbooks

1행 ▶ 현재완료(have/has + p.p.): 과거에 시작되었거나 있었던 일이 현재까지 영향을 미치는 상태를 나타내며 용법에 따라 완료, 경험, 계속, 결과의 의미를 갖는다.

He **has** just **finished** his homework. 그는 이제 막 그의 숙제를 마쳤다. (완료)

Have you ever **played** this game before? 이 게임을 전에 해본 적이 있니? (경험)

We **have been** friends for ten years. 우리는 10년 동안 친구이다. (계속)

She **has gone** to Peru. 그녀는 페루로 가고 없다. (결과)

1 글에서 크라우드펀딩에 관해 언급되지 <u>않은</u> 것은?

① 정의   ② 목적   ③ 관련 사이트

④ 성공 사례   ⑤ 문제점

2 글의 빈칸에 들어갈 말로 가장 알맞은 것은?

① Instead   ② However   ③ As a result

④ In addition   ⑤ For example

3 밑줄 친 Kickstarter에 관한 글의 내용과 일치하지 <u>않는</u> 것은?

① 2009년에 만들어졌다.

② 크라우드펀딩 서비스를 제공한다.

③ 후원자들에게 배당금을 지급한다.

④ Pebble Time의 성공적인 투자 유치를 도왔다.

⑤ 기업뿐만 아니라 개인도 이용 가능하다.

4 Find the word in the passage which has the given meaning.

_____ : something that you receive because of something
that you did

☑ *Summary* **Use the words in the box to fill in the blanks.**

fund	online	successful	Kickstarter

Crowdfunding is a way to raise money _____ for a certain project. The
most popular site is _____. On Kickstarter, people _____ a
project they like. In return, they may get something like a T-shirt or a special "Thank
you." Pebble Time was the most _____ project on Kickstarter.

07 A Lost-and-Found Dog

Have you ever lost
your pet?

In 2012, Hurricane Sandy hit the east coast of the United States. People
lost their homes, all their belongings, and even their _____.

The James family lost their dog, Reckless, during the hurricane. He
ran away from their backyard. The family reported Reckless missing and
called the animal shelters regularly. But 18 months later, ⓐ they gave up   5
hope.

The family decided to (a) get a new dog for their daughter's 10th
birthday present. ⓑ They went to a local animal shelter to adopt a dog.
When the worker brought out a dog to show ⓒ them, they were shocked.
It was Reckless!   10

The shelter worker found Reckless in the street after the hurricane.
Then, a family adopted him. However, Reckless ran away from ⓓ them
and ended up in the shelter again. ⓔ They were so happy to have him
back. Now, they will never be apart again!

1 글의 빈칸에 들어갈 말로 가장 알맞은 것은?

① cars   ② jobs   ③ pets

④ lives   ⑤ money

2 글을 읽고 James family에 관해 답할 수 <u>없는</u> 질문은?

① What is their dog's name?

② When did they lose their dog?

③ For how long did they lose their dog?

④ When is their daughter's birthday?

⑤ Where did they find their dog?

3 글의 밑줄 친 ⓐ~ⓔ 중, 가리키는 대상이 나머지 넷과 <u>다른</u> 것은?

① ⓐ   ② ⓑ   ③ ⓒ   ④ ⓓ   ⑤ ⓔ

※ 서술형

4 밑줄 친 (a) get과 바꿔 쓸 수 있는 표현을 글에서 찾아 쓰시오. (1단어)

_____

※ 서술형

5 다음 영영 뜻풀이에 해당하는 단어를 글에서 찾아 쓰시오.

_____ : a place where homeless people or animals can sleep and get food

Expand Your Knowledge

돌아온 백구

한번 집을 떠난 개가 다시 집으로 찾아온 이야기가 한국에도 있다. 1988년 태어날 때부터 할머니와 함께 살던 진돗개 백구는 대전으로 팔려갔으나 줄을 끊고 300km 이상을 먹지도 못한 채 걸어서 뼈가 앙상해진 상태로 다시 집을 찾아왔다. 이 이야기가 알려지면서 백구는 일약 스타가 되어 어느 컴퓨터 회사의 광고 모델이 되기도 하였고 동화 〈돌아온 진돗개 백구〉, 애니메이션과 게임 〈하얀 마음 백구〉 등으로도 만들어졌다. 백구의 동네 사람들은 2000년에 죽은 백구의 충성심을 기리고자 마을에 백구 광장과 백구 동상을 만들기도 했다.

08 The 9 Nanas

Q

Have you ever done a good deed secretly?

In Tennessee, a group of nine women meet every day at 4 a.m. They work together to bake hundreds of pound cakes. They have done (a) <u>this</u> for more than 30 years. They call themselves "The 9 Nanas." Their meetings were secret. Even their husbands did not know what they were doing.

5

10

They have one mission: to create happiness. They want to help people in their city. Usually, people take their clothes to the cleaners. However, the women save money by doing their own laundry. In this way, they collect about $400 each month. Then, they look for people in need and secretly pay their bills. They also visit their homes at night and leave packages of useful items like clothes. Everything is *anonymous.

15

The 9 Nanas leave a note on each package. The note always says, "Somebody loves you." Along with the note, they always include a homemade pound cake.

*anonymous 익명의

GRAMMAR in Textbooks

5행 ▶ 현재완료(have/has + p.p.) 계속: '(지금까지 계속) ~해왔다'의 뜻으로, 주로 'for + 기간' 또는 'since + 과거 시점'과 함께 쓰인다.

We **have lived** in this city **for** five years. 우리는 이 도시에 5년 동안 살아왔다.

He **has worn** glasses **since** he was five. 그는 5살 때부터 안경을 써왔다.

1 글의 제목으로 가장 알맞은 것은?

① How to Help People in Need
② Various Ways to Collect Money
③ The 9 Nanas' Pound Cake Recipe
④ A Secret Mission to Create a Sweet Society
⑤ Little Things You Can Do Every Day to Be Happy

2 9 Nanas에 관한 글의 내용과 일치하지 <u>않는</u> 것은?

① 매일 새벽 4시에 만난다.
② 30년이 넘게 선행을 해왔다.
③ 남편들의 지원이 있었다.
④ 도시의 어려운 사람들을 도왔다.
⑤ 매달 400달러씩을 모았다.

3 글에서 9 Nanas가 사람들에게 해준 일로 언급되지 않은 것은?

① 파운드 케이크 굽기　　② 공과금 납부해주기
③ 옷 세탁해주기　　④ 필요한 물품 제공해주기
⑤ 메모 남기기

※ 서술형
4 글의 밑줄 친 (a) <u>this</u>가 의미하는 내용을 우리말로 쓰시오.

_____

※ 서술형
5 다음 빈칸에 알맞은 단어를 글에서 찾아 쓰시오.

> The 9 Nanas have kept their good deeds _____ for over 30 years.

focus O*n* Sentences › 중요 문장 다시 보기

A 다음 문장을 밑줄 친 부분에 유의하여 우리말로 해석하시오.

1 It was <u>once</u> called the "cockroach of the ocean."

_____

2 Other foods were <u>difficult to find</u>, but lobster was <u>easy to get</u>.

_____

3 <u>Have you ever heard</u> of crowdfunding?

_____

4 They <u>have done</u> this <u>for more than 30 years</u>.

_____

B 우리말과 같은 뜻이 되도록 주어진 말을 바르게 배열하시오.

1 그래서 바다에는 바닷가재의 수가 점점 더 줄었다.

So _____ in the oceans.
(lobsters, were, fewer, fewer, there, and)

2 Reckless는 그들에게서 도망쳤고 결국 다시 보호소 신세가 되었다.

Reckless ran away from them and _____.
(ended, shelter, in, up, the, again)

3 그들은 그가 돌아와서 매우 기뻤다.

They were _____.
(him, back, to, have, happy, so)

C 우리말과 같은 뜻이 되도록 빈칸에 알맞은 말을 쓰시오.

1 그는 그것을 농담 삼아 시작했다.

He started it _____ _____ _____.

2 그 가족은 Reckless를 분실 신고했다.

The family _____ Reckless _____.

3 그들은 어려움에 처한 사람들을 찾아서 그들의 고지서 요금들을 몰래 내준다.

They look for people _____ _____ and secretly pay their bills.

Unit 03

GRAMMAR in Textbooks

• to부정사의 형용사적 용법
He thought of a creative way **to get** things for free.

• 수동태
Peanut butter **was** actually **made** by the Aztecs and the Incas in the 14th century.

09
Library of Things

• space	명 공간	• browse	동 둘러보다
• lend	동 빌려주다	• reserve	동 예약하다
• own	동 소유하다	• check out	대출하다
• borrow	동 빌리다	• repair	명 수리
• tool	명 연장	• professional	형 전문가의
• sewing machine	재봉틀		
• musical instrument	악기		

10
Cash This Art!

• to one's advantage	~에게 유리하게	• bill	명 계산서
		• check	명 수표
• be worth	~의 가치가 있다	• draw	동 그리다
• valuable	형 소중한; *값비싼	• cash	명 현금
• luxurious	형 호화로운		동 수표를 현금으로 바꾸다
• creative	형 창의적인	• search for	~를 찾다
• for free	공짜로		

11
Ghanaian Funerals

• funeral	명 장례식	• unique	형 독특한
• sadness	명 슬픔	• fishing	명 낚시
• celebrate	동 기념하다, 축하하다	• pilot	명 조종사
• dead	형 죽은	• shaped like	~처럼 생긴, ~ 모양의
• attend	동 참석하다	• ceremony	명 의식, 식
• dress	동 옷을 입다	• pray	동 기도하다
• coffin	명 관		

12
Peanut Butter

• wonder	동 궁금해하다	• creamy	형 크림 같은
• grind	동 갈다, 빻다	• thick	형 두꺼운; *걸쭉한, 된
• roast	동 굽다	• market	동 판매하다
• paste	명 반죽	• chew	동 씹다
• modern	형 현대의	• nutritious	형 영양분이 많은
• crush	동 으깨다	• source	명 원천, 공급원

영어는 우리말로, 우리말은 영어로 쓰시오. ▶ 단어/숙어 기본 연습

1	슬픔	s _____	21	nutritious	_____
2	낚시	f _____	22	thick	_____
3	조종사	p _____	23	수리	r _____
4	wonder	_____	24	professional	_____
5	space	_____	25	계산서	b _____
6	lend	_____	26	luxurious	_____
7	기도하다	p _____	27	옷을 입다	d _____
8	coffin	_____	28	죽은	d _____
9	funeral	_____	29	paste	_____
10	창의적인	c _____	30	chew	_____
11	valuable	_____	31	grind	_____
12	browse	_____	32	수표	c _____
13	reserve	_____	33	source	_____
14	연장	t _____	34	market	_____
15	roast	_____	35	own	_____
16	현대의	m _____	36	크림 같은	c _____
17	독특한	u _____	37	그리다	d _____
18	attend	_____	38	crush	_____
19	celebrate	_____	39	ceremony	_____
20	borrow	_____	40	search for	_____

다음 우리말과 같도록 빈칸에 알맞은 말을 쓰시오. ▶ 문장 속 숙어 확인

1 She made a cake _____ _____ a snowman.
그녀는 눈사람 모양의 케이크를 만들었다.

2 How many books would you like to _____ _____? 몇 권을 대출하고 싶으세요?

3 The picture _____ _____ 100 dollars. 그 그림은 100달러의 가치가 있다.

4 You can download it _____ _____. 당신은 그것을 공짜로 다운로드 할 수 있다.

5 He used the opportunity _____ _____ _____.
그는 그 기회를 그에게 유리하게 이용했다.

09 Library of Things

Do you have anything you bought but do not use anymore?

Have you ever bought something but then never used it? It is a waste of money and space at home. People in Sacramento in California don't have to worry about this anymore. The Sacramento Public Library can help them!

The library started "Library of Things." Libraries usually only lend 5 books. This library lends things that people can use but do not want to own. For example, people can borrow tools, sewing machines, musical instruments, and video games.

To borrow things, library users can go to the library to look at what they have. Or they can visit the library's website to browse or reserve 10 items. Then, they have to go to the library to check them out.

The library also has some items that people can only use in the building. It has a bicycle repair station, a 3D scanner, and a professional sewing machine. Libraries aren't just for _____ 15 anymore!

1 글의 주제로 가장 알맞은 것은?

① 전자 도서관

② 인터넷 상거래

③ 새로운 기부 문화

④ 새로운 도서관 서비스

⑤ 어려운 사람들을 돕는 법

2 Library of Things에 관한 글의 내용과 일치하지 <u>않는</u> 것은?

① 캘리포니아 주에 있다.

② 물건들을 빌려준다.

③ 홈페이지에서 물건을 예약할 수 있다.

④ 물건들을 집까지 배달해준다.

⑤ 일부 품목은 건물 내에서만 사용 가능하다.

3 글에서 대여 품목으로 언급되지 <u>않은</u> 것은?

① 연장   ② 재봉틀   ③ 악기

④ 비디오 게임   ⑤ 자전거

※ 서술형

4 글의 빈칸에 알맞은 단어를 글에서 찾아 쓰시오.

_____

10 Cash This Art!

Do you know any famous painters? What are they famous for?

Salvador Dali was a famous artist. People around the world still love his art. They have paid a lot of money for his paintings for many years. (A) Dali sometimes used this to his advantage. (B) His most expensive painting is worth over 20 million dollars. (C) Even a small sketch by the artist is valuable.

He loved luxurious and expensive things. He thought of a creative way to get things for free. He often had huge dinner parties at restaurants. When the bill came, he always paid with a check. However, before he paid, he drew pictures on the check.

The pictures made it very valuable. Dali knew that the restaurant owner would not cash the check. This way, Dali did not pay for the food and drinks. Now, many people want to own these checks. Some people

are searching for them, but they cannot find any. It is a mystery. If you find one, you will be lucky!

5

10

15

GRAMMAR in Textbooks

7행 ▶ to부정사의 형용사적 용법: to부정사는 앞에 있는 명사를 수식하는 형용사 역할을 할 수 있다. 이때 해석은 '~할, ~하는'으로 한다.

I have many things **to do**. 나는 해야 할 일들이 많다.

You need a warm jacket **to wear** at night. 너는 밤에 입을 따뜻한 외투가 필요하다.

1 (A) ~ (C)를 글의 흐름에 알맞게 배열한 것은?

① (A)-(B)-(C)　　　　　　　② (B)-(A)-(C)

③ (B)-(C)-(A)　　　　　　　④ (C)-(B)-(A)

⑤ (C)-(A)-(B)

2 After eating at restaurants, Salvador Dali would draw pictures on

_____.

① bills　　　　　② walls　　　　　③ tables

④ checks　　　　⑤ sketchbooks

3 글에 따르면, Dali가 식당에서 그림을 그린 이유는?

① 그림 그릴 곳이 없어서

② 식사값을 내지 않기 위해

③ 주인에게 선물로 주기 위해

④ 자신의 기분을 나타내기 위해

⑤ 자신의 그림 실력을 뽐내기 위해

4 Salvador Dali에 관한 글의 내용과 일치하면 T, 그렇지 않으면 F를 쓰시오.

(1) 소박하고 검소한 삶을 살았다.　　　_____

(2) 생전에 유명세를 얻었다.　　　_____

※　　서술형

5 글의 내용과 일치하도록 다음 질문에 답하시오.

Q: Why would the restaurant owners not cash Dail's checks?

A: Because the checks were very _____

Expand Your
Knowledge

괴짜 화가,
살바도르 달리

달리는 20세기의 가장 독창적인 초현실주의 화가이다. 그는 그의 작품만큼이나 특이한 성격으로도 유명하였다. 스스로가 천재임을 말하고 다녔으며 은행에서 직원이 수표를 먹어버릴지도 모른다고 걱정하기도 하였다. 그의 대표작은 시계가 녹아내리는 모습을 그린 〈기억의 지속〉인데, 이처럼 익숙한 것을 이해할 수 없는 맥락에 놓는 것이 달리의 특기였다. 보통의 초현실주의자들과 달리 평범한 이미지나 개념을 거부하고 사람들의 꿈과 잠재의식에서 영감을 얻었다. 그는 영화, 연극, 패션, 광고 등 다양한 분야에서 일하며 많은 시간을 보냈고 피카소만큼이나 생전에 명성과 부를 얻었던 화가이기도 하다.

11 Ghanaian Funerals

Q What are some funeral customs in your country?

In Ghana, funerals are not just a time of sadness. They are also a time to celebrate the life of the dead. *Ghanaian funerals are like large parties. ⓐ <u>They</u> include food, drinks, music, and dancing. Often, hundreds of people attend a funeral. They usually dress in black and red, but sometimes they dress in white.

Ghanaian coffins are very unique, too. ⓑ <u>They</u> usually look like the dead person's favorite thing. For example, if a person liked fishing, he or she may have a fish-shaped coffin. A pilot may have a coffin shaped like an airplane. There have even been coffins shaped like Coca-Cola bottles and cell phones!

A funeral ceremony includes some time to cry and pray for the dead. However, the rest of the funeral is party time. Ghanaians believe that the dead person would want them to have a good time. They say that their having a good time shows their love for the dead. Funerals can actually be

_____ !

*Ghanaian 가나의; 가나 사람

1 가나의 장례식에 관한 글의 내용과 일치하면 T, 그렇지 않으면 F를 쓰시오.

(1) People sing and dance at funerals.   _____

(2) People should not cry at funerals.   _____

2 글을 읽고 가나의 장례식에 관해 답할 수 <u>없는</u> 질문은?

① What do funerals mean to Ghanaians?

② What does a funeral ceremony include?

③ What color do people usually wear to funerals?

④ What do Ghanaian coffins look like?

⑤ How long does a funeral ceremony last?

3 글의 빈칸에 들어갈 말로 가장 알맞은 것은?

① fun   ② calm   ③ painful

④ luxurious   ⑤ comfortable

>> 서술형

4 다음 빈칸에 알맞은 단어를 글에서 찾아 쓰시오.

Ghanaian coffins usually show the _____
_____ of the dead person.

>> 서술형

5 글의 밑줄 친 ⓐ와 ⓑ가 가리키는 것을 찾아 쓰시오.

ⓐ _____   ⓑ _____

12 Peanut Butter

Q

Do you like peanut butter?

Peanut butter is a popular food. It tastes good on bread. Some people eat it with jelly and fruit. But have you ever wondered where it came from? Peanut butter was actually made by the Aztecs and the Incas in the 14th century. They ground roasted peanuts into a paste.

5

In 1894, Marcellus Gilmore Edson of Canada created the first modern peanut butter. He roasted peanuts and crushed them until they became creamy. He also added sugar to make it sweeter and a little thicker. Soon, other people such as John Harvey Kellogg, the creator of Cornflakes, began to make it in different ways. In 1904, the first peanut-butter-making machine was invented.

10

15

Interestingly, at first, peanut butter was marketed as a food for people with _____ problems. People with bad or no teeth could not chew food well. Peanut butter was nutritious and an excellent source of *protein for them. Today, peanut butter is loved by everyone. In the United States, there is even a National Peanut Butter Day!

20

*protein 단백질

GRAMMAR in Textbooks

5행 ▶ 수동태(be + p.p.): 주어가 동작을 받거나 당할 때 쓰며 '~되다'라고 해석한다. 행위자는 'by + 목적격'으로 나타내며 중요하지 않을 경우 생략할 수 있다.

My father **painted** the house.

→ The house **was painted** by my father. 그 집은 아빠에 의해 칠해졌다.

Children **love** the book.

→ The book **is loved** by children. 그 책은 어린이들에게 사랑 받는다.

1   글의 주제로 가장 알맞은 것은?

① Ways to eat peanut butter

② How to make peanut butter

③ The history of peanut butter

④ Why peanut butter is so popular

⑤ The health benefits of peanut butter

2   글을 읽고 답할 수 <u>없는</u> 질문은?

① Where did peanut butter come from?

② When was the modern peanut butter made?

③ Who is John Harvey Kellogg?

④ What nutrient is in peanut butter?

⑤ When is National Peanut Butter Day in the U.S.?

3   How was Marcellus Gilmore Edson's peanut butter different from the peanut butter made in the 14th century?

① He used roasted peanuts.

② He crushed peanuts.

③ He added sugar.

④ He made it by machine.

⑤ It was more nutritious.

≫   서술형

4   글의 내용과 일치하도록 다음 질문에 답하시오.

Q: What did Marcellus Gilmore Edson do?

A: _____

≫   서술형

5   글의 빈칸에 알맞은 말을 글에서 찾아 쓰시오.

_____

focus On Sentences › 중요 문장 다시 보기

A 다음 문장을 밑줄 친 부분에 유의하여 우리말로 해석하시오.

1 They <u>have paid</u> a lot of money for his paintings <u>for many years</u>.

_____

2 He thought of a creative way <u>to get</u> things for free.

_____

3 They are also a time to celebrate the life of <u>the dead</u>.

_____

4 Today, peanut butter <u>is loved by everyone</u>.

_____

B 우리말과 같은 뜻이 되도록 주어진 말을 바르게 배열하시오.

1 도서관 이용자들은 그들이 가지고 있는 것을 보기 위해 도서관에 갈 수 있다.

Library users can go to the library _____.
(they, at, what, have, look, to)

2 그 그림들은 그것을 매우 값비싸게 만들었다.

The pictures _____.
(it, very, made, valuable)

3 가나인들은 고인이 그들이 좋은 시간을 보내기를 원할 거라고 믿는다.

Ghanaians believe that the dead person would _____.
(them, a good time, want, to, have)

C 우리말과 같은 뜻이 되도록 빈칸에 알맞은 말을 쓰시오.

1 그리고 나서, 그들은 그것들을 대출하기 위해 도서관에 가야 한다.

Then, they have to go to the library to _____ them _____.

2 Dali는 가끔씩 이 점을 그에게 유리하게 이용했다.

Dali sometimes used this _____.

3 조종사는 비행기 모양의 관을 가질지도 모른다.

A pilot may have a coffin _____ _____ an airplane.

Unit 04

GRAMMAR in Textbooks

· want+목적어+to부정사
When growers **want a tree to produce** different fruits, they mix different trees.

· too ~ to부정사
Each time, it was **too** small **to make** him sick.

13
A Heartbreaking Message

• work as	~로 일하다
• sick	혱 아픈
• travel	통 가다, 이동하다
• arrive	통 도착하다
• body	몡 몸; *시신
• bury	통 묻다

• upset	혱 화난, 속상한
• develop	통 개발하다
• dot	몡 점
• dash	몡 (모스부호의) 긴 선, 장부호
• letter	몡 편지; 글자
• long after	오랜 후에

14
Fruit Salad Trees

• would like to-v	~하고 싶다
• real	혱 진짜의, 실재하는
• similar	혱 비슷한
• produce	통 생산하다, (열매를) 맺다
• grapefruit	몡 자몽
• peach	몡 복숭아
• apricot	몡 살구

• family	몡 가족; *과
• grower	몡 재배자
• mix	통 섞다
• piece	몡 한 부분, 조각
• stick	통 붙이다
• branch	몡 나뭇가지

15
Arrow Birds

• exactly	흿 정확히
• moon	몡 달
• hunter	몡 사냥꾼
• shoot	통 총을 쏘다
• pick up	집다, 줍다

• arrow	몡 화살
• neck	몡 목
• spear	몡 창
• incredible	혱 믿을 수 없는
• rare	혱 드문

16
The Snake Man

• get interested in	~에 관심을 갖다
• snake	몡 뱀
• poisonous	혱 독이 있는
• bite	통 물다 몡 물린 상처
• in one's lifetime	일생 동안
• needle	몡 (주사) 바늘

• poison	몡 독
• get sick	아프다, 병에 걸리다
• blood	몡 피, 혈액
• donate	통 기부하다
• cure	통 낫게 하다

영어는 우리말로, 우리말은 영어로 쓰시오. ▶ 단어/숙어 기본 연습

1 아픈	s_____	**21** bite	_____
2 정확히	e_____	**22** 뱀	s_____
3 목	n_____	**23** 물다; 물린 상처	b_____
4 rare	_____	**24** poison	_____
5 needle	_____	**25** cure	_____
6 피, 혈액	b_____	**26** grapefruit	_____
7 비슷한	s_____	**27** 생산하다, 맺다	p_____
8 bury	_____	**28** 가족; 과	f_____
9 letter	_____	**29** grower	_____
10 dot	_____	**30** 개발하다	d_____
11 spear	_____	**31** upset	_____
12 가다, 이동하다	t_____	**32** peach	_____
13 달	m_____	**33** 한 부분, 조각	p_____
14 도착하다	a_____	**34** 나뭇가지	b_____
15 body	_____	**35** 붙이다	s_____
16 arrow	_____	**36** apricot	_____
17 hunter	_____	**37** poisonous	_____
18 shoot	_____	**38** 섞다	m_____
19 incredible	_____	**39** 진짜의, 실재하는	r_____
20 기부하다	d_____	**40** get sick	_____

다음 우리말과 같도록 빈칸에 알맞은 말을 쓰시오. ▶ 문장 속 숙어 확인

1 I _____ _____ a teacher at a school. 나는 학교에서 교사로 일한다.

2 He wrote many books _____ _____ _____.
그는 일생 동안 많은 책을 썼다.

3 When did you _____ _____ _____ art?
당신은 언제 미술에 관심을 가졌나요?

4 _____ you _____ _____ _____ watch a movie tonight?
오늘밤 영화 보고 싶니?

5 _____ _____ the trash and put it in the trash can.
쓰레기를 주워서 쓰레기통에 넣어라.

13 A Heartbreaking Message

How did people communicate with one another before the telephone?

In 1825, Samuel Morse was working as an artist. He went to Washington, D.C. to paint a picture. One day, he received a letter from his father. It said that his wife was sick. The next day, he got another letter. His wife was dead. He stopped working on his painting and traveled home to New Haven, Connecticut. But when he arrived home, he couldn't see his wife's body. She was buried. This made him very sad and upset. He thought it was a problem that letters traveled slowly.

Morse stopped working as an artist. Then, he started to create a way to send messages over long distances. In 1837, he invented his *telegraph. He also developed *Morse code. Morse code uses dots and dashes to show letters and numbers. He sent the first telegraph by using Morse code in 1838.

Sadly, he solved the problem long after his wife died. But thanks to Samuel Morse, many other people

_____ .

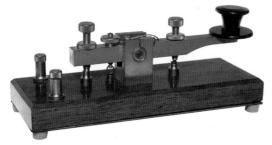

*telegraph 전신기, 전보
*Morse code 모스 부호

1 글의 제목으로 가장 알맞은 것은?

① A Man Who Lost His Wife

② Learning and Using Morse Code

③ The History of Telecommunications

④ The Means of Communication in the Past

⑤ How the Telegraph and Morse Code Were Invented

2 Samuel Morse에 관한 글의 내용과 일치하지 <u>않는</u> 것은?

① 원래 직업은 화가였다.

② 전화로 아내의 사망 소식을 들었다.

③ 아내의 임종을 지키지 못했다.

④ 1837년 전신기를 발명했다.

⑤ 모스 부호를 사용해 전보를 보냈다.

3 글의 빈칸에 들어갈 말로 가장 알맞은 것은?

① got important news quickly

② learned how to read and write well

③ spent more time with their families

④ found answers to their questions quickly

⑤ shared information and photos with others

※ 서술형
4 글의 밑줄 친 the problem이 의미하는 내용을 우리말로 쓰시오.

_____

※ 서술형
5 다음 빈칸에 공통으로 들어갈 알맞은 단어를 글에서 찾아 쓰시오.

> · There are twenty six _____ in the alphabet.
> · They wrote many _____ to each other.

Expand Your Knowledge

모스 부호

모스 부호로 어떻게 소통할 수 있을까? 새뮤얼 모스의 이름을 딴 모스 부호는 알파벳과 숫자를 단점(·)과 장점(—)으로 표현하는 간단한 부호이다. 모스 부호는 현재 거의 다른 통신 수단으로 대체되었지만 선박에서는 지금도 가끔 사용된다. 유명한 SOS의 모스 부호는 단점 세 번, 휴식, 장점 세 번, 휴식, 단점 세 번(··· — — — ···)으로 나타낼 수 있으며 조난되었을 때 구조를 요청하는 만국 공통 신호로 사용되고 있다.

14 Fruit Salad Trees

Can one tree produce more than one kind of fruit?

Do you like fruit? What about fruit salad? Wouldn't you like to grow fruit salad on one tree? Actually, you can!

(a) Fruit salad trees are real. It is possible to grow different fruits on one tree. Only similar fruits, however, can grow on one tree. _____, a single fruit tree can produce *citrus fruits, like oranges, lemons, and grapefruits. *Stone fruits like peaches and apricots can also grow together. But we cannot grow oranges and peaches on the same tree. (b) They are not in the same family.

When growers want a tree to produce different fruits, they mix different trees. They cut a piece from one tree and stick it onto a different tree. _____, a grower will cut a branch from an orange tree. Then, he or she will put it on a lemon tree. The tree will produce lemons. But the piece from the orange tree will produce oranges.

*citrus fruit 감귤류 과일
*stone fruit 핵과(단단한 씨가 들어있는 과일)

GRAMMAR in Textbooks

9행 ▶ want + 목적어 + to부정사: ~가 …하기를 원하다
동사 want 외에도 ask, tell, expect, teach 등도 목적보어로 to부정사가 쓰일 수 있다.
I **want** you **to come** to the party. 나는 네가 파티에 오길 원해.
She **asked** me **to lend** her some money. 그녀는 나에게 돈을 좀 빌려달라고 부탁했다.
We **expect** them **to win** the game. 우리는 그들이 경기에서 이길 거라고 기대한다.

1 다음 중, 한 나무에서 재배할 수 <u>없는</u> 과일로 짝지어진 것은?

① 레몬, 자몽   ② 자몽, 살구

③ 복숭아, 살구   ④ 오렌지, 레몬

⑤ 오렌지, 자몽

2 밑줄 친 (a) Fruit salad trees를 만들기 위해 다른 나무로부터 필요한 것은?

① 씨   ② 꽃   ③ 가지   ④ 뿌리   ⑤ 열매

3 글의 빈칸에 공통으로 들어갈 말로 가장 알맞은 것은?

① Then   ② However   ③ As a result

④ In addition   ⑤ For example

≫ 서술형

4 글의 밑줄 친 (b) They가 가리키는 것을 찾아 쓰시오.

_____

≫ 서술형

5 제시된 철자로 시작하는 단어를 본문에서 찾아 글의 제목을 완성하시오.

Growing D_____ F_____ on

O_____ T_____

15 Arrow Birds

Where do birds go in winter?

Until 1822, scientists did not know exactly where some birds went for the winter. Now, we know they fly to warmer places during the winter. In the past, some people thought that birds slept under the sea. Others said that they flew to the moon.

In 1822, a hunter in Germany shot a *stork. When he picked ⓐ it up, he saw an arrow in ⓑ its neck. The arrow gave the answer to the scientists' question. ⓒ It was an African spear! In the winter, the stork flew 3,000 kilometers to Africa. Now ⓓ it was flying back to Germany with the arrow in its neck.

Scientists took the stork and kept ⓔ it. It is now in the University of Rostock, Germany. This sounds like an incredible and rare story. But after the first "arrow stork" was found, 25 more storks with arrows were discovered!

*stork 황새

1 글의 내용과 일치하면 T, 그렇지 않으면 F를 쓰시오.

(1) A German hunter shot the first arrow stork. _____

(2) The first arrow stork is now in a museum in Africa. _____

2 글의 밑줄 친 ⓐ~ⓔ 중, 가리키는 대상이 나머지 넷과 다른 것은?

① ⓐ   ② ⓑ   ③ ⓒ   ④ ⓓ   ⑤ ⓔ

3 글에 따르면, 과학자들이 황새를 보관한 이유는?

① 치료가 필요해서
② 날아갈 것을 우려해서
③ 멸종 위기의 동물이어서
④ 법으로 보호되는 동물이어서
⑤ 철새 이동의 중요 단서가 되어서

❊ 서술형

4 글의 내용과 일치하도록 다음 질문에 답하시오.

Q: How many arrow storks were discovered?

A: _____ arrow storks were discovered.

✅ *Summary* **Use the words in the box to fill in the blanks.**

stork	winter	Africa	Germany

In 1822, a German hunter found a(n) _____ with an arrow in its neck. The arrow was an African spear. Scientists found that the bird flew to _____ in the winter and flew back to _____. The bird gave the answer to where some birds went for the _____.

16 The Snake Man

Have you ever seen a poisonous snake?

Bill Haast was called the "Snake Man." He was born in 1910. He got interested in snakes when he was very young. A poisonous snake first bit him when he was 12 years old. He had about 170 snake bites in his lifetime.

Haast was bitten a lot. Soon, he started to put snake *venom into   5
his body with a needle. He did this to develop *antibodies to the snake's poison. He put very small amounts of venom in his body. Each time, (A) it was too small to make him sick. It was just enough for his body to make antibodies.

This way, when a snake bit him, he would not get sick or die.   10
His blood had many antibodies. So he donated his blood to help other people. If dangerous snakes bit people, Haast's blood could cure them.

Nobody knows if snake venom made him healthier. Haast lived until 2011. He was 100 years old when he died!

*venom: (뱀 등의) 독
*antibody: 항체

GRAMMAR in Textbooks

9행 ▶ too + 형용사/부사 + to부정사: 너무 ~해서 …할 수 없는
This box is **too heavy to carry**. 이 상자는 너무 무거워서 옮길 수 없다.
We arrived **too late to see** the movie. 우리는 너무 늦게 도착해서 그 영화를 볼 수 없었다.

1 글을 읽고 Bill Haast에 관해 답할 수 <u>없는</u> 질문은?

① When was he born?

② When was he first bitten by a snake?

③ How many times was he bitten by snakes?

④ How many people did he cure?

⑤ How old was he when he died?

2 다음 문장의 빈칸에 들어갈 말로 알맞은 것은?

> Bill Haast helped other people by giving them _____.

① his time　　　　② medicine　　　　③ his blood

④ his money　　　⑤ food and clothes

※　서술형

3 글의 내용과 일치하도록 다음 질문에 답하시오.

Q: Why did he put snake venom into his body?

A: He did it to _____.

※　서술형

4 글의 밑줄 친 (A) it was too small to make him sick을 우리말로 쓰시오.

_____

focus On Sentences › 중요 문장 다시 보기

A 다음 문장을 밑줄 친 부분에 유의하여 우리말로 해석하시오.

1 He <u>stopped working</u> on his painting and traveled home to New Haven, Connecticut.

_____

2 <u>It</u> is possible <u>to grow different fruits on one tree.</u>

_____

3 It was flying back to Germany <u>with the arrow in its neck.</u>

_____

4 Each time, it was <u>too small to make him sick.</u>

_____

B 우리말과 같은 뜻이 되도록 주어진 말을 바르게 배열하시오.

1 이것은 그를 매우 슬프고 화나게 만들었다.

This _____ .
　　　　　　　(him, sad, made, and, upset, very)

2 재배자가 한 나무가 다른 과일들을 맺기를 원할 때, 그들은 다른 나무들을 섞는다.

When growers _____, they mix different trees.
　　　　　　(a tree, different, want, to, fruits, produce)

3 과학자들은 일부 새들이 겨울 동안 어디로 가는지 정확히 알지 못했다.

Scientists did not know exactly _____ .
　　　　　　(birds, the winter, where, some, for, went)

C 우리말과 같은 뜻이 되도록 빈칸에 알맞은 말을 쓰시오.

1 1825년에 Samuel Morse는 화가로 일하고 있었다.

In 1825, Samuel Morse was _____ _____ an artist.

2 그가 그것을 주웠을 때, 그는 그것의 목에 있는 화살을 보았다.

When he _____ _____ _____, he saw an arrow in its neck.

3 그는 아주 어렸을 때 뱀에 관심을 가졌다.

He _____ _____ _____ snakes when he was very young.

Unit 05

17 Reverse Graffiti
지우면서 그리는 그림, '리버스 그래피티'

18 Bless You!
"엣취!"하면 "Bless you!"

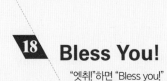

19 Printing Body Parts
21세기 연금술, 3D 프린터

20 No Plastic Bags Allowed
비닐봉지 없는 나라

GRAMMAR
in
Textbooks

· 사역동사
They thought a sneeze **let the devil enter** the body.

· 동등 비교
Many areas are **as dirty as** a garbage dump.

17
Reverse Graffiti

• pollution	명 오염, 공해	• be stained with	~로 얼룩지다
• dust	명 먼지	• cigarette	명 담배
• dirt	명 먼지, 때	• work	명 일; *작품
• reverse	형 반대의	• get into trouble with	~와 분란을 일으키다
• image	명 그림		
• remove	동 제거하다	• make a mess	어지럽히다, 엉망으로 만들다
• scraper	명 스크래퍼(긁는 도구)	• clean off	깨끗이 닦다
• scrub brush	명 세탁 솔, 수세미		

18
Bless You!

• bless you	저런, 몸조심하세요	• either way	어느 쪽이든
• sneeze	동 재채기하다 명 재채기	• protect A from B	A를 B로부터 보호하다
• soul	명 영혼	• be related to	~와 관계가 있다
• escape from	~에서 달아나다	• sign	명 신호, 징후
• steal	동 훔치다	• disease	명 질병
• devil	명 악마	• ill	형 아픈
• opposite	명 반대	• wish	동 바라다, 빌다

19
Printing Body Parts

• object	명 물건, 물체	• fit	동 맞다, 적합하다
• material	명 재료	• recently	부 최근에
• widely	부 널리, 폭넓게	• cell	명 세포
• medicine	명 약; 의학	• instead of	~ 대신에
• bone	명 뼈	• replace A with B	A를 B로 대신[대체]하다
• joint	명 관절	• damaged	형 손상된
• patient	명 환자	• heart	명 심장

20
No Plastic Bags Allowed

• litter	명 쓰레기	• break down	분해되다
• product	명 제품	• fine	명 벌금
• deal with	처리하다	• arrest	동 체포하다
• area	명 지역	• be sent to jail	감옥에 보내지다
• garbage dump	쓰레기 처리장	• law	명 법
• in order to-v	~하기 위해		

A 영어는 우리말로, 우리말은 영어로 쓰시오. ▶단어/숙어 기본 연습

1	pollution	_____	21	ill	_____
2	devil	_____	22	바라다, 빌다	w_____
3	훔치다	s_____	23	scrub brush	_____
4	material	_____	24	법	l_____
5	약; 의학	m_____	25	reverse	_____
6	지역	a_____	26	환자	p_____
7	either way	_____	27	fit	_____
8	dirt	_____	28	joint	_____
9	제거하다	r_____	29	뼈	b_____
10	영혼	s_____	30	damaged	_____
11	opposite	_____	31	심장	h_____
12	벌금	f_____	32	일; 작품	w_____
13	arrest	_____	33	cigarette	_____
14	최근에	r_____	34	scraper	_____
15	세포	c_____	35	widely	_____
16	dust	_____	36	object	_____
17	image	_____	37	litter	_____
18	sneeze	_____	38	escape from	_____
19	sign	_____	39	deal with	_____
20	disease	_____	40	instead of	_____

B 다음 우리말과 같도록 빈칸에 알맞은 말을 쓰시오. ▶문장 속 숙어 확인

1 These materials _____ _____ naturally. 이 재료들은 자연적으로 분해된다.

2 You need a visa _____ _____ _____ visit the country.
당신은 그 나라를 방문하기 위해 비자가 필요하다.

3 The dogs always _____ _____ _____ in the house.
그 개들은 항상 집안을 어지럽힌다.

4 They often _____ _____ _____ with other boys.
그들은 자주 다른 소년들과 분란을 일으킨다.

5 _____ the battery _____ a new one. 그 배터리를 새것으로 대신해라.

Do you think graffiti is a form of art?

Pollution and dust make walls and buildings dark and dirty. The British artist Paul Curtis discovered a way to make dirt beautiful. He calls it "reverse *graffiti." Reverse graffiti is images created by removing dirt. Curtis draws pictures on dirty walls with scrapers and scrub brushes. He cleans and _____ at the same time.

Curtis first started doing reverse graffiti when he was a teenager. He worked at a restaurant. The walls were stained with dirt and cigarette smoke. (A) One of his works was in Broadway Tunnel in San Francisco. (B) Soon, he started doing it in other places, too. (C) He thought that he could make pictures on the walls by removing some of the dirt.

Sometimes Curtis gets into trouble with the police. Some people think that he is making a mess of the city. But Curtis says, "I'm not painting graffiti, I'm just cleaning a dirty wall." He believes cleaning off dirt cannot be bad. What do you think?

*graffiti (공공장소에 하는) 낙서, 그래피티

1 글의 빈칸에 들어갈 말로 가장 알맞은 것은?

① helps people   ② makes art   ③ has fun
④ makes money   ⑤ picks up trash

2 Paul Curtis에 관한 글의 내용과 일치하지 <u>않는</u> 것은?

① 십대 때 reverse graffiti를 시작했다.
② 처음 reverse graffiti를 한 장소는 식당 벽이다.
③ 현재 직업은 청소부이다.
④ 물감을 사용하지 않고 그림을 그린다.
⑤ 샌프란시스코에도 그의 작품이 있다.

3 (A)~(C)를 글의 흐름에 맞게 배열한 것은?

① (A)-(B)-(C)   ② (B)-(A)-(C)
③ (B)-(C)-(A)   ④ (C)-(A)-(B)
⑤ (C)-(B)-(A)

❋   서술형

4 다음 빈칸에 알맞은 단어를 글에서 찾아 쓰시오.

> Reverse graffiti is a method of creating images on walls by
> _____ _____.

❋   서술형

5 몇몇 사람들이 Curtis의 작품을 좋아하지 않는 이유를 글에서 찾아 우리말로 쓰시오.

_____

18 Bless You!

Q

Do people say anything special in your country when someone sneezes?

In some countries, people say, "Bless you" when someone sneezes. It seems strange to bless a person after a sneeze. Why do they say this when someone sneezes?

① A long time ago, some people believed that a sneeze caused the soul to escape from the body. ② Then, they believed that the Devil would steal the soul. ③ They thought a sneeze let the Devil enter the body. ④ Either way, they said, "Bless you," to protect the sneezer from the Devil. ⑤

Another story is related to the *Black Death in the 14th century. During that time, sneezing was the first sign of the disease. When someone sneezed, people thought that the person was ill with the disease and was going to die. So they would say, "Bless you," to wish the sneezer good health. God's blessing was their only hope.

*Black Death 흑사병

GRAMMAR in Textbooks

6행 ▶ make/have/let + 목적어 + 동사원형: ~가 …하게 만들다/시키다/허락하다
주어가 목적어에게 어떤 동작을 하도록 시키거나 허락하는 동사를 사역동사라고 한다. 사역동사로는 make, have, let이 있으며 목적보어로 동사원형이 온다.
His smile **makes** me **feel** happy. 그의 미소는 내 기분을 좋게 만든다.
David **had** the mechanic **fix** his car. David는 정비사에게 자신의 차를 수리하게 했다.
My mom doesn't **let** me **watch** TV. 엄마는 내가 TV를 보지 못하게 한다.

1 글의 주제로 가장 알맞은 것은?

① Why people sneeze
② The signs of the Black Death
③ The origins of saying, "Bless you"
④ The origins of popular superstitions
⑤ Ways to say, "Bless you," around the world

2 다음 문장이 들어갈 위치로 가장 알맞은 곳은?

> Others believed the opposite.

①   ②   ③   ④   ⑤

3 "Bless you"에 관한 글의 내용과 일치하면 T, 그렇지 않으면 F를 쓰시오.

(1) 재채기를 한 사람이 옆 사람에게 하는 말이다.　　　　　_____

(2) 어떤 사람들은 악마로부터 영혼을 보호하기 위해 사용했다.　　　　　_____

※　서술형

4 글의 내용과 일치하도록 다음 질문에 답하시오.

Q: During the time of the Black Death, why would people say, "Bless you," when someone sneezed?

A: They would say it to _____.

※　서술형

5 Find the word in the passage which has the given meaning.

_____ : to take something that belongs to someone else

19 Printing Body Parts

If you had a 3D printer, what would you print?

3D printers are becoming very common. At first, they could print plastic objects. Now they can print almost any materials, from clothes to food.

3D printers are widely used in medicine, too. Doctors and scientists are using 3D printing to make new body parts. Sometimes, people hurt their bones and joints in accidents. Doctors can print new ones that will work perfectly. _____, 3D printers can create *artificial arms and legs. These arms and legs match the patients' bodies perfectly. Before 3D printing, these parts did not fit well.

Recently, 3D printers can even create human *tissues and *organs. This is called "bioprinting." A bioprinter uses living cells instead of other materials. In the past, doctors replaced damaged organs with healthy ones from other people. Now, scientists hope that we will print hearts and other organs instead of using ones from other people.

*artificial 인공의
*tissue (생물) 조직
*organ 장기

1 글의 주제로 가장 알맞은 것은?

① Where 3D printing is used
② Materials used in 3D printing
③ Different types of 3D printers
④ Uses of 3D printing in medicine
⑤ The pros and cons of 3D printing

2 글의 빈칸에 들어갈 말로 가장 알맞은 것은?

① Instead   ② However   ③ As a result
④ In addition   ⑤ In other words

3 글에서 3D 인쇄기의 활용 분야로 언급되지 <u>않은</u> 것은?

① 옷   ② 음식   ③ 건축
④ 관절   ⑤ 장기

≫ 서술형
4 글의 내용과 일치하도록 다음 질문에 답하시오.

Q: What materials does a bioprinter use?
A: It uses _____ .

≫ 서술형
5 밑줄 친 match와 바꿔 쓸 수 있는 표현을 글에서 찾아 쓰시오.

_____

Expand Your
Knowledge

3D 식품 인쇄기

3D 인쇄기로 음식을 만들 수 있다는 사실을 아는가? 3D 인쇄기로 음식을 만드는 원리는 이러하다. 미리 컴퓨터로 설계도면을 입력한 다음 음식물 재료를 각각의 카트리지에 넣으면 노즐에서 밀가루 반죽, 초콜릿, 으깬 감자 등이 조리법에 따라 나오게 된다. 이 원리를 통해 사탕, 비스킷, 과일, 야채, 햄버거 등 약 30가지 이상의 식품이 인쇄된다고 한다. NASA에서는 이미 한대에 1억 2000만원이나 하는 3D 피자 인쇄기를 우주에서 사용하고 있다. 머지않아 각 가정에서도 3D 인쇄기를 이용해서 요리하는 날이 오지 않을까?

20 No Plastic Bags Allowed

Do you often use
plastic bags?

Litter is a huge problem in *developing countries like many African countries. These countries are growing and using many products. However, people do not have an easy way to deal with their trash. Many areas are as dirty as a garbage dump.

In order to solve the problem, in 2008 Rwanda made plastic bags illegal. Plastic bags are a huge problem because they do not break down quickly. They also kill many plants and animals. In Rwanda, if you use a plastic bag, you have to pay a $100 to $150 fine. If you don't, you will be arrested. People who do not have money are sent to jail for days.

Airport *customs officials even take plastic bags from tourists 10 when they arrive at the airport in Rwanda. It may sound strange that you cannot use plastic bags. However, thanks to the new law, Rwanda is now one of the _____ countries in Africa. 15

*developing country 개발 도상국
*customs official 세관원

GRAMMAR in Textbooks

4행 ▶ as + 형용사/부사 원급 + as: ~만큼 …한/하게 (동등 비교)

The bracelet is **as expensive as** the necklace. 그 팔지는 그 목걸이만큼 비싸다.

John can run **as fast as** Ben. John은 Ben만큼 빨리 달릴 수 있다.

This summer is **not as hot as** last summer. 올 여름은 작년 여름만큼 덥지 않다.

1 글의 주제로 가장 알맞은 것은?

① Strict laws in Rwanda

② How to recycle plastic bags

③ Efforts to protect the environment

④ Trash problem in developing countries

⑤ A law that bans plastic bags in Rwanda

2 글의 내용과 일치하지 <u>않는</u> 것은?

① 르완다에서 비닐봉지 사용은 법으로 금지되어 있다.

② 르완다에서 2008년 이전에는 비닐봉지 사용이 가능했다.

③ 르완다에서 비닐봉지 사용시 벌금을 내야 한다.

④ 르완다에서 비닐봉지 사용시 감옥에 갈 수도 있다.

⑤ 르완다 관광객은 자신이 가져온 비닐봉지만 사용할 수 있다.

3 글의 빈칸에 들어갈 말로 가장 알맞은 것은?

① safest   ② richest   ③ largest

④ cleanest   ⑤ fastest developing

서술형

4 Find the word in the passage which has the given meaning.

_____ : the money you have to pay because you have
broken the law

서술형

5 글에서 비닐봉지의 문제점으로 제시된 것 2가지를 우리말로 쓰시오.

_____

focus On Sentences › 중요 문장 다시 보기

A 다음 문장을 밑줄 친 부분에 유의하여 우리말로 해석하시오.

1 Reverse graffiti is images created <u>by removing dirt</u>.

_____

2 They thought a sneeze <u>let the Devil enter</u> the body.

_____

3 3D printers <u>are widely used</u> in medicine, too.

_____

4 Many areas are <u>as dirty as</u> a garbage dump.

_____

B 우리말과 같은 뜻이 되도록 주어진 말을 바르게 배열하시오.

1 Paul Curtis는 때를 아름답게 만드는 방법을 발견했다.

Paul Curtis discovered _____.
(a, dirt, beautiful, make, way, to)

2 그들은 재채기한 사람을 악마로부터 보호하기 위해 "Bless you"라고 말했다.

They said, "Bless you," to _____.
(sneezer, Devil, from, the, protect, the)

3 그 문제를 해결하기 위해 2008년 르완다는 비닐봉지를 불법화했다.

_____, in 2008 Rwanda made plastic bags illegal.
(in, solve, to, problem, order, the)

C 우리말과 같은 뜻이 되도록 빈칸에 알맞은 말을 쓰시오.

1 가끔씩 Curtis는 경찰과 분란을 일으킨다.

Sometimes Curtis _____ _____ _____ with the police.

2 어떤 사람들은 재채기가 영혼을 몸에서 달아나게 한다고 믿었다.

Some people believed that a sneeze caused the soul to _____ _____ the body.

3 비닐봉지는 빨리 분해되지 않기 때문에 큰 문제이다.

Plastic bags are a huge problem because they do not _____ _____ quickly.

Unit 06

GRAMMAR in Textbooks

· 주격 관계대명사
Dolphins are mammals **that** live in the sea.

· not only A but also B
Tourists can view the animals **not only** safely **but also** very closely.

21
Miss
Unsinkable

• unsinkable	형 가라앉지 않는	• sink	동 가라앉다
• either A or B	A이거나 B인	• lose one's life	목숨을 잃다
• stewardess	명 (여객선·기차의) 여승무원	• survive	동 살아남다
• nurse	명 간호사	• tragedy	명 비극
• luckily	부 운 좋게	• navy	명 해군
• iceberg	명 빙산	• underwater	형 수중의
		• disaster	명 재난

22
Thirsty
Dolphins

• thirsty	형 목마른	• mammal	명 포유동물
• dolphin	명 돌고래	• salty	형 짠
• marine	형 해양의	• squid	명 오징어
• seawater	명 바닷물	• less	형 더 적은
• contain	동 포함하다, ~이 들어 있다	• die of	~로 죽다
		• starve	동 굶주리다, 굶어 죽다

23
Potatoes

• store	동 보관[저장]하다	• ruin	동 망치다
• spoil	동 상하다, 썩다	• affect	동 영향을 미치다
• sprout	동 싹이 나다	• dry	형 건조한
• temperature	명 온도	• hold	동 가지고 있다
• refrigerator	명 냉장고	• moisture	명 수분, 습기
• ideal	형 이상적인	• hole	명 구멍
• degree	명 (온도 단위) 도	• cut away	~을 잘라내다

24
Polar Bear
City

• be famous for	~으로 유명하다	• ground	명 지면, 땅
• far away	멀리 떨어져	• tourist	명 관광객
• unlocked	형 잠겨있지 않은	• view	동 보다
• hide	동 숨다	• safely	부 안전하게
• helicopter	명 헬리콥터	• closely	부 가까이
• frozen	형 얼어붙은		

A 영어는 우리말로, 우리말은 영어로 쓰시오. ▶ 단어/숙어 기본 연습

1 목마른	t_____		21 sink	_____
2 간호사	n_____		22 tragedy	_____
3 unsinkable	_____		23 disaster	_____
4 ideal	_____		24 affect	_____
5 숨다	h_____		25 temperature	_____
6 refrigerator	_____		26 관광객	t_____
7 unlocked	_____		27 가까이	c_____
8 contain	_____		28 dolphin	_____
9 ruin	_____		29 stewardess	_____
10 건조한	d_____		30 iceberg	_____
11 구멍	h_____		31 navy	_____
12 moisture	_____		32 underwater	_____
13 지면, 땅	g_____		33 바닷물	s_____
14 less	_____		34 mammal	_____
15 짠	s_____		35 store	_____
16 starve	_____		36 상하다, 썩다	s_____
17 얼어붙은	f_____		37 (온도 단위) 도	d_____
18 luckily	_____		38 marine	_____
19 살아남다	s_____		39 보다	v_____
20 안전하게	s_____		40 sprout	_____

B 다음 우리말과 같도록 빈칸에 알맞은 말을 쓰시오. ▶ 문장 속 숙어 확인

1 He _____ _____ _____ in a traffic accident.
  그는 교통사고에서 목숨을 잃었다.

2 _____ Mike _____ Jane was wrong. Mike나 Jane 둘 중 하나가 틀렸다.

3 In Africa, people still _____ _____ hunger.
  아프리카에서 사람들은 아직도 기아로 죽는다.

4 The restaurant _____ _____ _____ seafood.
  그 식당은 해산물 요리로 유명하다.

5 The beach is _____ _____ from here. 해변은 여기서 멀리 떨어져 있다.

21 Miss Unsinkable

Who is the luckiest
person you know?

Violet Jessop was either the luckiest or unluckiest woman to ever live. She
worked as a stewardess and nurse on ships. In 1910, she started working
on a large ship called the *Olympic*. But in 1911, the ship hit another ship.
Luckily, no one died.

The next year, Jessop worked on the *Titanic*. It was a big luxury   5
ship. Everyone thought it was very safe. In April 1912, however, it hit
an iceberg and sank in the Atlantic Ocean. More than 1,500 people lost
their lives.

Jessop survived the tragedy and worked on the *Britannic* in 1916.
It was a hospital ship for the British navy in World War I. In November   10
1916, the ship hit an underwater *mine and sank 55 minutes later. 30
people died. _____, Jessop survived again.

Interestingly, the three ships were built by the same company. The
company had very bad luck as two ships sank. But Jessop survived all
three disasters, so she was called "Miss Unsinkable."   15

*mine 기뢰

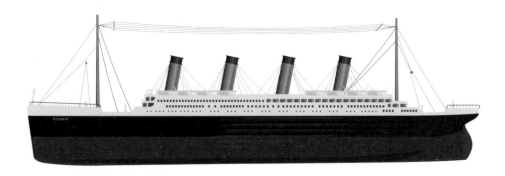

1 Violet Jessop에 관한 글의 내용과 일치하면 T, 그렇지 않으면 F를 쓰시오.

(1) 배의 승무원과 간호사로 일했다. _____

(2) 승선했던 세 척의 배가 사고를 당했다. _____

2 각 배의 이름과 관련된 사실을 연결하시오.

(1) The *Olympic*   a. hit an iceberg and sank.

(2) The *Titanic*   b. was a hospital ship during World War I.

(3) The *Britannic*   c. hit another ship, but no one died.

3 글의 빈칸에 들어갈 말로 가장 알맞은 것은?

① So   ② Fortunately   ③ In addition

④ For example   ⑤ In other words

※ 서술형

4 글의 밑줄 친 two ships가 가리키는 것을 찾아 쓰시오.

_____, _____

※ 서술형

5 Violet Jessop이 "Miss Unsinkable"로 불리는 이유를 글에서 찾아 우리말로 쓰시오.

_____

22 Thirsty Dolphins

What animals live in the ocean but are not fish?

Every animal on the Earth needs water to survive. Land animals must find fresh water to drink. Marine fish can drink seawater. Seawater contains a lot of salt, so fish use their *gills to remove the salt when they drink it. But what about dolphins? Dolphins are mammals that live in the sea. They do not have gills, so they cannot drink seawater. Seawater is 5 very salty, and mammals will get very sick if they drink it. So how do they get water?

Dolphins get water from their food. They usually eat fish and squid. Fish and squid contain water in their bodies, and it has less salt than seawater. If a dolphin cannot find food, it will die of *dehydration 10 before it starves. Dehydration happens when an animal does not have enough water in its body. So when a dolphin is thirsty, it doesn't drink. It _____!

*gill 아가미
*dehydration 탈수증

GRAMMAR in Textbooks

4행 ▶ 주격 관계대명사: 선행사를 수식하는 형용사절을 이끌며, 선행사에 따라 who, which, that이 쓰인다. 주격 관계대명사 뒤에는 동사가 이어진다.
I know the girl **who[that]** lives next door. 나는 옆집에 사는 소녀를 안다. (사람+who[that]+동사)
(I know the girl. + She lives next door.)
The bus **which[that]** goes to the hotel runs every 30 minutes.
호텔까지 가는 버스는 30분마다 있다. (사물+which[that]+동사)

1 글의 주제로 가장 알맞은 것은?

① Dolphins' eating habits
② How dolphins communicate
③ How dolphins get their water
④ Animals that live in the ocean
⑤ How dolphins and fish are different

2 돌고래에 관한 글의 내용과 일치하지 <u>않는</u> 것은?

① They are not fish.
② They do not have gills.
③ They live in the sea.
④ They eat fish in the ocean.
⑤ They drink seawater if they are thirsty.

3 글의 빈칸에 들어갈 말로 가장 알맞은 것은?

① eats   ② rests
③ plays   ④ swims
⑤ sleeps

> **Expand Your Knowledge**
>
> **강에도 돌고래가 살까?**
>
> 우리는 보통 바다에만 돌고래가 있는 것으로 알고 있지만 강에서도 돌고래가 산다. 대표적으로 아마존 강, 중국 양쯔 강, 인도 갠지스 강과 인더스 강, 남미 라플라타 강에서 서식을 한다. 아마존 강에서 서식하는 '보토(Boto)'라는 돌고래는 분홍빛을 띠고 있어 우리가 알던 돌고래와 다른 인상을 준다. 그러나 강에 서식하는 돌고래들은 인간의 무분별한 개발과 생태계 파괴로 인해 거의 멸종 위기에 처해있다. 특히 양쯔 강에서 서식하는 돌고래는 2006년 이후로 한 마리도 관찰되지 않아 공식적으로 멸종이 선언되었다.

✅ *Summary* **Use the words in the box to fill in the blanks.**

food	salty	mammals	seawater

Dolphins are _____ that live in the ocean. Unlike fish, they don't have gills and do not drink _____. The water is too _____ for dolphins. Instead, they eat smaller fish in the ocean. The fish contain water in their bodies. So dolphins get their water from their _____.

23 Potatoes

Q How can you keep your potatoes fresh longer?

Fruits and vegetables are difficult to store and to keep fresh. Potatoes are especially hard. They spoil, change color, and sprout easily. So here are some tips for _____ potatoes.

1. Keep the temperature cool. But don't put them in the refrigerator. Refrigerators are too cold to store potatoes. The ideal temperature is five to ten degrees Celsius. If the temperature is colder than this, the potato's *starch will change to sugar. This can ruin its taste. This can also affect its color.

2. Do not wash potatoes before storage and keep them in a dry, dark place. You should not use a plastic bag either. It will hold the moisture in. If you want to use a plastic bag, you need to make holes in it. The moisture can go out of the holes.

3. If your potatoes begin to turn green or sprout, make sure to cut away those parts. They are not healthy. But you can eat the other parts, and they will still taste good.

*starch 전분

1 글의 빈칸에 들어갈 말로 가장 알맞은 것은?

① eating   ② storing   ③ cooking

④ growing   ⑤ planting

2 글에서 감자를 너무 낮은 온도에 보관하면 나타나는 현상으로 언급된 것을 모두 고르시오.

① 싹이 난다.

② 색이 변한다.

③ 맛이 나빠진다.

④ 수분이 많아진다.

⑤ 전분이 당분으로 변한다.

3 다음 중 글의 조언을 가장 잘 따르는 사람은?

① Ann washes potatoes before storage.

② Tom keeps potatoes in the refrigerator.

③ Paul eats green sprouted potatoes.

④ Kate puts potatoes in a black plastic bag.

⑤ Jane puts potatoes in a plastic bag with holes.

※ 서술형

4 글의 내용과 일치하도록 주어진 철자로 시작하는 단어들을 채워 빈칸을 완성하시오.

> You should store potatoes in a c_____, d_____, d_____ place.

※ 서술형

5 글의 내용과 일치하도록 다음 질문에 답하시오.

Q: What is the temperature that potatoes keep best?

A: It is _____.

24 Polar Bear City

What animals do you want to see closely?

Churchill is a small town in Manitoba, Canada. Fewer than 1,000 people live there. But Churchill is famous for being the "Polar Bear Capital of the World." There are around 1,200 polar bears!

Polar bears are big, strong, and dangerous animals. If you see one there, you must stay far away from it. At night, it is not safe to walk around in the town. People in Churchill often leave their cars unlocked. The reason is that someone might need a place to hide from a polar bear.

If you want to see polar bears, you should visit Churchill. November is the best time to see them. You can take a boat, a helicopter, or a hiking tour to watch these animals. The most popular tour uses a "tundra buggy." It is like a bus with big tires and runs well on the frozen ground. From huge tundra buggies, tourists can view the animals 안전하게 뿐만 아니라 매우 가까이.

GRAMMAR in Textbooks

14행 ▶ not only A but also B: A뿐만 아니라 B도

It is **not only** delicious **but also** healthy. 그것은 맛있을 뿐만 아니라 건강에도 좋다.

He lost **not only** his wallet **but also** his keys. 그는 그의 지갑뿐만 아니라 열쇠도 잃어버렸다.

1 처칠(Churchill)에 관해 글의 내용과 일치하면 T, 그렇지 않으면 F를 쓰시오.

(1) There are more polar bears than people who live there. _____

(2) December is the best time to see polar bears. _____

2 글에서 북극곰 관광을 할 수 있는 방법으로 언급되지 않은 것은?

① 배   ② 도보   ③ 기차
④ 자동차   ⑤ 헬리콥터

3 밑줄 친 tundra buggy에 관한 글의 내용과 일치하지 않는 것은?

① 버스처럼 생겼다.
② 커다란 바퀴가 달렸다.
③ 빙판 위에서는 위험하다.
④ 관광객에게 인기가 있다.
⑤ 북극곰을 보기에 좋다.

≫ 서술형
4 글의 내용과 일치하도록 다음 질문에 답하시오.

Q: Why do people in Churchill leave their cars unlocked?
A: Because _____

≫ 서술형
5 밑줄 친 우리말과 같은 뜻이 되도록 주어진 단어를 바르게 배열하시오.

(safely, very, only, also, closely, not, but)

_____

focus On Sentences

A 다음 문장을 밑줄 친 부분에 유의하여 우리말로 해석하시오.

1 Violet Jessop was <u>either the luckiest or unluckiest woman</u> to ever live.

_____

2 Dolphins are mammals <u>that live in the sea</u>.

_____

3 <u>Keep</u> the temperature <u>cool</u>.

_____

4 Tourists can view the animals <u>not only safely but also very closely</u>.

_____

B 우리말과 같은 뜻이 되도록 주어진 말을 바르게 배열하시오.

1 냉장고는 너무 차가워서 감자를 보관할 수 없다.

Refrigerators are _____ .
(cold, too, to, potatoes, store)

2 처칠에 사는 사람들은 종종 자신들의 차를 잠그지 않은 상태로 둔다.

People in Churchill often _____ .
(cars, leave, their, unlocked)

3 11월은 그것들을 보기에 가장 좋은 때이다.

November is _____ .
(them, see, the, to, time, best)

C 우리말과 같은 뜻이 되도록 빈칸에 알맞은 말을 쓰시오.

1 그것은 굶어 죽기 전에 탈수증으로 죽을 것이다.

It will _____ _____ dehydration before it starves.

2 처칠은 '세계 북극곰의 수도'인 것으로 유명하다.

Churchill _____ _____ _____ being the "Polar Bear Capital of the World."

3 그곳에서 한 마리를 본다면, 그것으로부터 멀리 떨어져 있어야 한다.

If you see one there, you must stay _____ _____ from it.

Unit 07

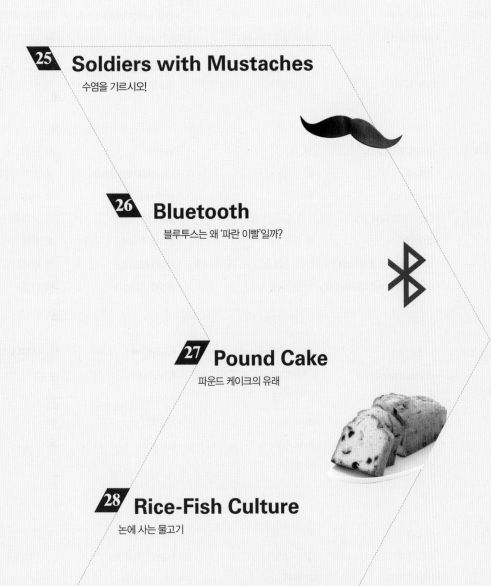

GRAMMAR
in
Textbooks

· 목적격 관계대명사
His blueberry addiction gave Bluetooth the name **that** everyone uses today!

· 감정을 나타내는 분사
Farmers are also **satisfied** with rice-fish culture.

25
Soldiers with Mustaches

• century	명 세기	• jail	명 감옥
• soldier	명 군인	• be allowed to-v	~하는 것이 허용되다
• respect	동 존중[존경]하다	• shave	동 면도하다
• army	명 군대	• ignore	동 무시하다
• punish	동 처벌하다	• gas mask	방독면

26
Bluetooth

• probably	부 아마도	• wire	명 전선, 선
• logo	명 상징, 로고	• combination	명 조합, 결합
• legend	명 전설	• initial	명 (이름의) 첫 글자
• be known as	~로 알려져 있다	• ancient	형 고대의
• unite	동 통합시키다	• combine	동 결합하다
• be named after	~의 이름을 따서 지어지다	• connect	동 연결하다
• electronic device	전자 기기	• addiction	명 중독

27
Pound Cake

• weigh	동 무게가 ~이다	• feed	동 먹이다
• date back to	~까지 거슬러 올라가다	• flavor	명 풍미, 맛
• flour	명 밀가루	• remain	동 여전히 ~이다
• ingredient	명 재료	• light	형 가벼운
• recipe	명 조리법	• tasty	형 맛있는
• definitely	부 분명히		

28
Rice-Fish Culture

• crop	명 농작물	• nutrient	명 영양소, 영양분
• unlike	전 ~와 달리	• harmful to	~에게 해로운
• field	명 들판, 논	• in return	대신에, 답례로
• be filled with	~로 가득 차다	• shade	동 그늘지게 하다
• raise	동 재배하다, 기르다	• active	형 활동적인
• farming	명 농업	• be satisfied with	~에 만족하다
• method	명 방법	• traditional	형 전통적인
• droppings	명 (새·짐승의) 똥	• eco-friendly	형 친환경적인

영어는 우리말로, 우리말은 영어로 쓰시오. ▶ 단어/숙어 기본 연습

1	nutrient	_____	21	들판, 논	f_____
2	unite	_____	22	method	_____
3	전선, 선	w_____	23	(이름의) 첫 글자	i_____
4	weigh	_____	24	unlike	_____
5	밀가루	f_____	25	군인	s_____
6	활동적인	a_____	26	jail	_____
7	shade	_____	27	recipe	_____
8	punish	_____	28	remain	_____
9	respect	_____	29	아마도	p_____
10	ingredient	_____	30	century	_____
11	가벼운	l_____	31	flavor	_____
12	farming	_____	32	tasty	_____
13	전통적인	t_____	33	농작물	c_____
14	connect	_____	34	be known as	_____
15	면도하다	s_____	35	eco-friendly	_____
16	addiction	_____	36	harmful to	_____
17	고대의	a_____	37	combine	_____
18	ignore	_____	38	definitely	_____
19	군대	a_____	39	electronic device	_____
20	재배하다, 기르다	r_____	40	먹이다	f_____

다음 우리말과 같도록 빈칸에 알맞은 말을 쓰시오. ▶ 문장 속 숙어 확인

1 The bucket _____ _____ _____ water. 그 양동이는 물로 가득 차있다.

2 He _____ _____ _____ the result. 그는 그 결과에 만족한다.

3 The school _____ _____ _____ its founder.
그 학교는 설립자의 이름을 따서 지어졌다.

4 Visitors _____ _____ _____ take pictures.
방문객들은 사진 촬영하는 것이 허용된다.

5 The history of art _____ _____ _____ ancient times.
미술의 역사는 고대까지 거슬러 올라간다.

25 Soldiers with Mustaches

What do you think of a man with a mustache or beard?

From the late eighteenth century many British soldiers had mustaches. They didn't really like ⓐ them. It wasn't the British way. But it made their job easier.

British soldiers in India and Arab countries wanted to look strong. Indian and Arab men think mustaches and beards make a man look strong. So the soldiers grew mustaches and beards. Then, the local people respected ⓑ them.

In 1860, the British army made a rule about mustaches. ① It was not a rule for only soldiers in India or Arab countries. ② It was a rule for all soldiers. ③ So all British soldiers had mustaches. ④ They could go to an army jail. ⑤

In 1916, British soldiers were finally allowed to shave. During the First World War, most soldiers ignored the rule. They did this because they often wore gas masks. A gas mask is harder to wear with a mustache. So soldiers shaved their faces.

1   이 글의 주제로 가장 알맞은 것은?

① Why men grow mustaches
② The history of the British army
③ Military uniforms in the 18th century
④ British soldiers in India and Arab countries
⑤ The rules on mustaches in the British army

2   영국 군인들에 관한 글의 내용과 일치하면 T, 그렇지 않으면 F를 쓰시오.

(1) They were proud of their mustaches. _____
(2) Until 1860, no one had a mustache. _____

3   다음 문장이 들어갈 위치로 가장 알맞은 곳은?

If they didn't have mustaches, they were punished.

①   ②   ③   ④   ⑤

※   서술형
4   1차 세계 대전 때 영국 군인들이 면도를 했던 이유를 글에서 찾아 우리말로 쓰시오.

_____

※   서술형
5   글의 밑줄 친 ⓐ와 ⓑ가 가리키는 것을 찾아 쓰시오.

ⓐ _____   ⓑ _____

26 Bluetooth

Have you seen this symbol? What does it mean?

Do you have a smartphone, computer, or video game system? If you do, you have probably used Bluetooth. But why is it called "Bluetooth?" It's not blue, and it isn't a tooth. There is a story about how it got its name and logo.

A legend says that a king from Denmark, Harald Blatand, ate many 5 blueberries. His teeth became blue, so he was known as "Bluetooth." He was famous because he united Denmark and Norway. Bluetooth is named after him because it unites various types of electronic devices without wires.

The Bluetooth logo is also a combination of the king's initials. At 10 that time, people used ancient letters. His ancient initials were ✳ and ᛒ. When they are combined, they make the Bluetooth logo ❋.

So the next time you connect your Bluetooth headphones, remember King Harald Blatand. His blueberry addiction gave Bluetooth the name that 15 everyone uses today!

GRAMMAR in Textbooks

15행 ▶ 목적격 관계대명사: 선행사를 수식하는 형용사절을 이끌며, 선행사에 따라 who(m), which, that이 쓰이고 생략도 가능하다. 목적격 관계대명사 뒤에는 '주어+동사'가 이어진다.
The people **(who(m)[that])** we met were kind. 우리가 만났던 사람들은 친절했다.
This is the tree **(which[that])** I planted last year. 이것은 내가 작년에 심은 나무이다.
The car **(which[that])** I drove is my father's. 내가 모는 차는 아버지 것이다.

1 글의 주제로 가장 알맞은 것은?

① Wireless devices
② Modern technologies
③ A king from Denmark
④ The origin of Bluetooth
⑤ Harald Blatand's nickname

2 밑줄 친 Harald Blatand에 관한 글의 내용과 일치하지 <u>않는</u> 것은?

① 덴마크의 왕이었다.
② 블루베리를 많이 먹었다.
③ Bluetooth로 불리기도 했다.
④ 블루투스 로고를 처음 만들었다.
⑤ 덴마크와 노르웨이를 통일했다.

※ 서술형

3 Find the word in the passage which has the given meaning.

_____: to join people, groups, or countries together

※ 서술형

4 다음 빈칸에 알맞은 알파벳 글자를 쓰시오.

The ancient letter ✳ means _____ , and
ᛒ means _____ .

Expand Your Knowledge

인터넷 '쿠키'

'쿠키(Cookie)'는 사용자가 인터넷 웹사이트에서 활동했던 정보를 기록한 일종의 임시파일들을 가리킨다. 이 파일들은 왜 하필 쿠키라고 이름 붙여졌을까? '쿠키'라는 말은 동화 헨젤과 그레텔에서 유래되었다. 헨젤과 그레텔은 숲 속에서 길을 잃지 않도록 쿠키를 잘게 쪼개어 길에 뿌리고 나중에 이 쿠키 조각들을 따라 안전하고 빠르게 되돌아 온다. 인터넷 쿠키는 사용자가 갔던 사이트를 재방문 했을 때 정보가 남아있도록 하여 사용자와 웹사이트를 빠르게 연결해주는 기능이 비슷하여 쿠키라고 불리게 되었다.

27 Pound Cake

Do you like pound cake?

Have you ever eaten a delicious pound cake? It probably didn't weigh a pound. So why is it called a pound cake?

Pound cakes date back to the 1700s. The original pound cakes contained exactly one pound each of flour, butter, eggs, and sugar. There were no other ingredients. In those days, many people could not read. So it was very hard for them to follow recipes. But the pound cake recipe was simple. Everyone remembered it easily. They didn't need to read anything.

Of course, the recipe made a huge cake! It could definitely feed more than one family. Later, people changed the recipe to make smaller cakes. They also added different ingredients for flavor. These days, there are many different kinds. The cake has changed a lot, but the _____ has remained the same. Now, pound cakes are lighter, smaller, and tastier! So they are not the same cakes.

5

10

15

1　글에 따르면, 파운드 케이크라고 불리는 이유는?

① 무게가 1파운드였기 때문에

② 가격이 1파운드였기 때문에

③ 파운드 단위로만 판매했기 때문에

④ 각각의 재료를 1파운드씩 넣었기 때문에

⑤ 처음 만든 사람의 이름을 따서 지어졌기 때문에

2　글에 따르면, 파운드 케이크의 원래 재료가 아닌 것은?

① 설탕　　　　　② 버터　　　　　③ 계란

④ 이스트　　　　⑤ 밀가루

3　글의 빈칸에 들어갈 말로 가장 알맞은 것은?

① size　　　　　② price　　　　　③ name

④ flavor　　　　⑤ weight

서술형

4　Find the word in the passage which has the given meaning.

_____ : a set of instructions for cooking a particular food

✔ *Summary* **Use the words in the box to fill in the blanks.**

name	tastier	smaller	ingredients

Pound cake got its _____ because the original pound cakes were made with one pound each of flour, butter, eggs, and sugar. The recipe was so easy that anyone could make the cakes easily. Later, people made them _____ and added different _____. Today's pound cakes are not only smaller but are also _____ than before.

28 Rice-Fish Culture

What kinds of crops are usually grown in your country?

In many countries, rice is an important crop. Unlike other crops, rice is grown in fields that are filled with water. Some farmers raise fish in the same fields. This kind of farming is called "*rice-fish culture."

This method is good for both the rice plants and the fish. The droppings from the fish give the rice plants nutrients. This helps them grow into big healthy plants. ⓐ They also eat insects harmful to the plants. In return, the rice plants shade the water and keep it cool. So the fish can stay active and healthy in hot weather. 5

Farmers are also satisfied with rice-fish culture. ⓑ They can save money on *fertilizers and *pesticides. Fertilizer is used to give plants nutrients, and pesticides are used to kill harmful insects. They are very expensive for farmers to buy. _____, farmers can make more money by selling both fish and rice. Rice-fish culture is a traditional farming system. It is also a very eco-friendly method. 10

*rice-fish culture 벼논양어 농법
*fertilizer 비료
*pesticide 살충제, 농약

15

GRAMMAR in Textbooks

9행 ▶ 감정을 나타내는 분사: 감정을 나타내는 타동사가 현재분사(-ing)로 쓰이면 '~한 감정을 느끼게 하는', 과거분사(-ed)로 쓰이면 '~한 감정을 느끼는'의 의미를 나타낸다.
He has an **amazing** courage. 그는 놀라운 용기를 가지고 있다. (amaze: 깜짝 놀라게 하다)
We were **amazed** at his courage. 우리는 그의 용기에 놀랐다.

1   rice-fish culture에 관한 글의 내용과 일치하면 T, 그렇지 않으면 F를 쓰시오.

(1) It is a modern farming method. _____

(2) Farmers sell both the rice and fish. _____

2   글의 빈칸에 들어갈 말로 가장 알맞은 것은?

① Finally   ② Instead   ③ However

④ Moreover   ⑤ For example

3   rice-fish culture와 가장 잘 어울리는 속담은?

① Haste makes waste.

② As you sow, so you reap.

③ Hunger is the best sauce.

④ Killing two birds with one stone.

⑤ Too many cooks spoil the broth.

※   서술형

4   Find the word in the passage which has the given meaning.

_____ : any substance that plants or animals need to live and grow

※   서술형

5   글의 밑줄 친 ⓐ와 ⓑ가 가리키는 것을 찾아 쓰시오.

ⓐ _____   ⓑ _____

focus On Sentences › 중요 문장 다시 보기

A 다음 문장을 밑줄 친 부분에 유의하여 우리말로 해석하시오.

1 In 1916, British soldiers <u>were finally allowed to</u> shave.

_____

2 Pound cakes <u>date back to</u> the 1700s.

_____

3 It was very hard <u>for them to follow recipes</u>.

_____

4 This method is good for <u>both the rice plants and the fish</u>.

_____

B 우리말과 같은 뜻이 되도록 주어진 말을 바르게 배열하시오.

1 그의 블루베리 중독이 블루투스에게 오늘날 모두가 사용하는 이름을 준 것이었다!

His blueberry addiction gave Bluetooth _____ today!
(everyone, the, that, uses, name)

2 이것은 그것들이 크고 건강한 식물로 자라도록 돕는다.

_____ big healthy plants.
(them, into, this, helps, grow)

3 그것들은 농부들이 사기에 매우 비싸다.

They are _____.
(for, buy, expensive, to, farmers, very)

C 우리말과 같은 뜻이 되도록 빈칸에 알맞은 말을 쓰시오.

1 블루투스는 그의 이름을 따서 지어졌다.

Bluetooth _____ _____ _____ him.

2 다른 농작물들과 달리, 쌀은 물로 가득 찬 논에서 재배된다.

Unlike other crops, rice is grown in fields that _____ _____
_____ water.

3 농부들도 벼논양어 농법에 만족해한다.

Farmers _____ also _____ _____ rice-fish culture.

Unit 08

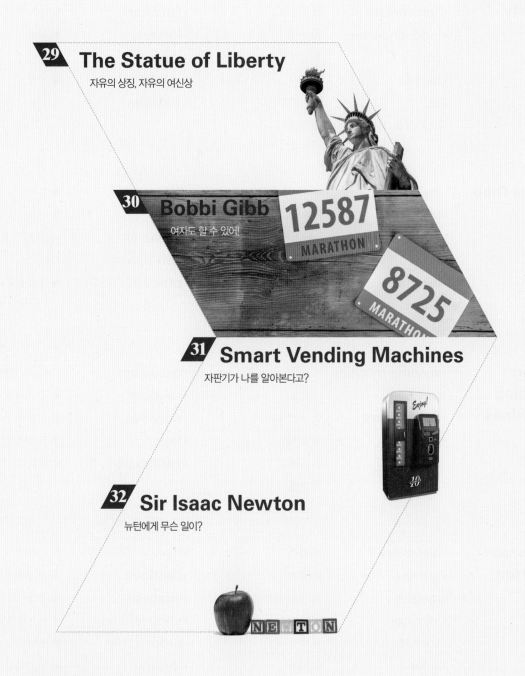

29 ## The Statue of Liberty
자유의 상징, 자유의 여신상

30 ## Bobbi Gibb
여자도 할 수 있어!

31 ## Smart Vending Machines
자판기가 나를 알아본다고?

32 ## Sir Isaac Newton
뉴턴에게 무슨 일이?

GRAMMAR in Textbooks

· 재귀대명사
She disguised **herself** in her brother's clothes.

· 양보 접속사 although
Although he was smart, Newton was not a good investor.

29
The Statue of Liberty

• statue	몡 상, 조각상	• world-famous	혱 세계적으로 유명한
• anniversary	몡 기념일	• landmark	몡 랜드마크, 주요 지형지물
• independence	몡 독립	• torch	몡 횃불
• cost	동 ~의 비용이 들다	• date	몡 날짜
• harbor	몡 항구	• symbol	몡 상징
• as	젼 ~로서	• freedom	몡 자유
• lighthouse	몡 등대		

30
Bobbi Gibb

• marathon	몡 마라톤	• wrong	혱 틀린
• take place	개최되다	• bush	몡 덤불
• take part in	~에 참가하다	• ahead of	~ 앞에
• enter	동 참가하다, 출전하다	• two-thirds	2/3
• distance	몡 거리	• officially	붜 공식적으로
• prove	동 증명하다		(↔ unofficially)

31
Smart Vending Machines

• vending machine	자판기	• based on	~에 근거하여
• raw egg	날계란	• suggest	동 제안하다
• recommend	동 추천하다	• provide	동 제공하다
• find out	알아내다	• free	혱 공짜의, 무료의
• age	몡 나이	• earthquake	몡 지진
• gender	몡 성별		

32
Sir Isaac Newton

• discovery	몡 발견	• rise	동 오르다
• gravity	몡 중력	• continue	동 계속하다
• motion	몡 운동, 움직임	• increase	동 증가하다
• investor	몡 투자자	• unfortunately	붜 불행하게도
• successful	혱 성공적인	• drop	동 떨어지다
• value	몡 가치	• fortune	몡 운; *재산, 거금

영어는 우리말로, 우리말은 영어로 쓰시오. ▶단어/숙어 기본 연습

1	statue	21	등대	l
2	increase	22	independence	
3	anniversary	23	날짜	d
4	prove	24	발견	d
5	틀린	w	25	gravity	
6	landmark	26	cost	
7	motion	27	distance	
8	recommend	28	성공적인	s
9	provide	29	가치	v
10	officially	30	drop	
11	bush	31	마라톤	m
12	항구	h	32	enter	
13	torch	33	gender	
14	자유	f	34	suggest	
15	나이	a	35	공짜의, 무료의	f
16	earthquake	36	상징	s
17	투자자	i	37	continue	
18	자판기	v	38	unfortunately	
19	rise	39	fortune	
20	world-famous	40	two-thirds	

다음 우리말과 같도록 빈칸에 알맞은 말을 쓰시오. ▶문장 속 숙어 확인

1 They will _____ _____ the truth soon. 그들은 곧 진실을 알아낼 것이다.

2 Two girls are _____ _____ us. 두 명의 소녀가 우리 앞에 있다.

3 The Olympic Games _____ _____ every four years.
올림픽 대회는 4년마다 개최된다.

4 Anyone can _____ _____ _____ the contest.
누구나 그 대회에 참가할 수 있다.

5 Don't judge people _____ _____ their looks.
겉모습에 근거하여 사람을 판단하지 마라.

29 The Statue of Liberty

Does your country have any famous buildings or monuments?

In 1886, France gave the Statue of Liberty to the United States. It was a gift to celebrate the 100th anniversary of America's independence from England. The statue cost 400 thousand dollars.

The statue is on Liberty Island in New York Harbor. At first, the Americans used it as a lighthouse. They put an electric light at the top of the Statue of Liberty. It was a lighthouse for 16 years. In 1902, they stopped using it as a lighthouse. Now, it is just a statue. It is also a world-famous landmark.

Lady Liberty holds a torch in one hand. It is 93 meters to the top of the torch. In the other hand, she has a *tablet. The tablet has the date of the independence of America. Every year, over 6 million people visit the statue. It is a symbol of both America and freedom. And many people came to America because they wanted to be free.

*tablet 서판

1   자유의 여신상에 관한 글의 내용과 일치하면 T, 그렇지 않으면 F를 쓰시오.

(1) It was a gift from France to the United States. _____

(2) It is used as a lighthouse at night. _____

2   글에 따르면, 자유의 여신상의 서판에 적혀있는 것은?

① 상이 세워진 날짜   ② 미국 독립기념일 날짜

③ 미국 독립운동가 이름   ④ 상을 설계한 사람 이름

⑤ 미국 역대 대통령 이름

3   글을 읽고 답할 수 <u>없는</u> 질문은?

① How much did the Statue of Liberty cost?

② Where is the Statue of Liberty Located?

③ How long did it take to build the Statue of Liberty?

④ How tall is the Statue of Liberty?

⑤ What does Lady Liberty hold in her hands?

4   Find the word in the passage which has the given meaning.

_____: a famous building or object that you can
see and recognize easily

☑ *Summary* **Use the words in the box to fill in the blanks.**

gift	freedom	Liberty	lighthouse

The Statue of Liberty is on _____ Island in New York Harbor. It was a
_____ from France to celebrate America's 100th Independence Day. It
was once used as a _____. Now, it is a symbol of the United States and
_____.

30 Bobbi Gibb

Do you know any great women athletes?

The Boston Marathon is one of the largest marathons in the world. It takes place on the third Monday in April. Every year, over 30,000 men and women <u>take part in</u> it. But over 50 years ago, women could not enter it. People thought that women could not run such a long distance.

Bobbi Gibb wanted to prove that they were wrong. On April 19, 5
1966, she *disguised herself in her brother's clothes and hid in a bush near the starting line. Then, she jumped into a group of runners and began running. She was a good runner. She finished in three hours and twenty-one minutes. And she was ahead of two-thirds of the men! She became the first woman to run in and finish the marathon. 10

From 1967 to 1971, other women finished the race unofficially.

Then in 1972, the marathon officially opened to women. Thanks to Bobbi Gibb, women could now run 15 officially.

*disguise 위장하다, 숨기다

GRAMMAR in Textbooks

6행 ▶ 재귀대명사: 인칭대명사의 목적격이나 소유격에 -self나 -selves를 붙인 형태로 '~ 자신'이란 뜻이다. 주어와 목적어가 동일인일 때 목적어 자리에 쓰인다.
I like to look at **myself** in the mirror. 나는 거울을 보는 것을 좋아한다.
Mike introduced **himself** to his classmates. Mike는 반 친구들에게 자신을 소개했다.
They were very proud of **themselves**. 그들은 자신들에 대해서 매우 자랑스러워 했다.

1 글의 주제로 가장 알맞은 것은?

① Great female athletes
② The history of the marathon
③ The largest marathon in the world
④ The female winners of the Boston Marathon
⑤ The first woman to run in the Boston Marathon

2 보스턴 마라톤 대회에 대해 글의 내용과 일치하면 T, 그렇지 않으면 F를 쓰시오.

(1) It takes place every April. _____

(2) Women could not officially run until 1966. _____

3 Bobbi Gibb에 관해 글의 내용과 일치하지 않는 것은?

① 1966년 보스턴 마라톤에 참가했다.
② 보스턴 마라톤 최초의 여성 참가자이다.
③ 처음 참가한 마라톤은 완주하지 못했다.
④ 처음 참가한 마라톤은 비공식 출전이었다.
⑤ 처음 참가한 마라톤에서 상위 1/3 순위를 기록했다.

❋ 서술형

4 글의 내용과 일치하도록 다음 질문에 답하시오.

Q: Why could women not run in the Boston Marathon?
A: Because _____

_____

❋ 서술형

5 밑줄 친 take part in과 바꿔 쓸 수 있는 표현을 글에서 찾아 쓰시오.
(1단어)

_____

31 Smart Vending Machines

What kinds of vending machines are there in your country?

① Japan has the highest number of vending machines per person in the world. ② There are 5.5 million vending machines in Japan. ③ But in Japan, there are many other products you can buy. ④ These include books, vegetables, raw eggs, and gold. ⑤

Now a new Japanese vending machine can even recommend items to you. It uses *facial recognition technology to find out your age and gender. Then, it gives you a recommendation based on ⓐ them. The machine also thinks about the weather conditions and temperature. _____, on a hot day it might suggest a Coke. And on a cold day, it might suggest hot tea or soup.

Japanese vending machines also help people. They can provide free things for people in disasters. In 2011, Japan had a *tsunami and an

earthquake. People were hurt and thirsty. So vending machines provided over 100,000 free drinks.

*facial recognition technology 얼굴 인식 기능
*tsunami 쓰나미

1 다음 문장이 들어갈 위치로 가장 알맞은 곳은?

> Vending machines usually sell drinks and snacks.

①   ②   ③   ④   ⑤

2 글에서 일본의 자판기에서 살 수 있는 것으로 언급되지 <u>않은</u> 것은?

① 책   ② 금   ③ 의류

④ 채소   ⑤ 날계란

3 글의 빈칸에 들어갈 말로 가장 알맞은 것은?

① First   ② Instead   ③ Moreover

④ For example   ⑤ On the other hand

※ 서술형

4 글의 밑줄 친 ⓐ them이 가리키는 것을 찾아 쓰시오.

_____

※ 서술형

5 글의 내용과 일치하도록 다음 질문에 답하시오.

Q: How did Japanese vending machines help people in 2011?

A: _____

32 Sir Isaac Newton

Q What do you know about Isaac Newton?

Sir Isaac Newton was a great British scientist. His discoveries included gravity, the laws of motion, *calculus, and many other things. Although he was smart, Newton was not a good _____. He owned *stock in a company called the South Sea Company. Many people thought the company would become very successful. In fact, its value once greatly increased. In 1720, Newton sold his stock and earned £7,000. But after Newton sold his stock, the price of the stock in the company rose even more.

① Newton wanted to make more money, so he bought more stock in the company. ② He thought its value would continue to increase. ③ Unfortunately, the price of the stock in the South Sea Company dropped a lot. ④ He was a great scientist, but he lost a fortune in the stock market. ⑤ It seems that there is a big difference between being a smart scientist and a smart investor.

5

10

15

*calculus 미적분
*stock 주식

Isaac Newton

GRAMMAR in Textbooks

2행 ▶ 양보 접속사 although: 비록 ~이지만 (= though)

Although[Though] it was raining, we went out. 비가 내리고 있었지만, 우리는 나갔다.

Although[Though] he was very tired, he finished all of the work.
그는 매우 피곤했지만, 그 일을 모두 끝냈다.

1 글의 제목으로 가장 알맞은 것은?

① What Affects Stock Prices
② Isaac Newton's Biggest Mistake
③ The Discoveries of Isaac Newton
④ The Value of the South Sea Company
⑤ Why Isaac Newton Was a Great Scientist

2 Isaac Newton에 관한 글의 내용과 일치하면 T, 그렇지 않으면 F를 쓰시오.

(1) He discovered gravity. _____

(2) He never made money in the stock market. _____

3 다음 문장이 들어갈 위치로 가장 알맞은 곳은?

So Newton lost around £20,000.

①   ②   ③   ④   ⑤

※ 서술형
4 글의 빈칸에 알맞은 말을 글에서 찾아 쓰시오.

_____

※ 서술형
5 Find the word in the passage which has the given meaning.

_____ : a very large amount of money

focus On Sentences › 중요 문장 다시 보기

A 다음 문장을 밑줄 친 부분에 유의하여 우리말로 해석하시오.

1 At first, the Americans used it <u>as</u> a lighthouse.

_____

2 She <u>disguised herself</u> in her brother's clothes.

_____

3 <u>Although</u> he was smart, Newton was not a good investor.

_____

4 <u>It seems that</u> there is a big difference between being a smart scientist and a smart investor.

_____

B 우리말과 같은 뜻이 되도록 주어진 말을 바르게 배열하시오. .

1 사람들은 여성이 그렇게 긴 거리를 달릴 수 없다고 생각했다.

People thought that women could not _____.

(distance, a, run, long, such)

2 일본에는 당신이 살 수 있는 많은 다른 제품들이 있다.

In Japan, there are _____.

(products, can, you, many, buy, other)

3 그것들은 재난 시 사람들에게 무료 물품을 제공할 수 있다.

They can _____ in disasters.

(provide, people, for, free things)

C 우리말과 같은 뜻이 되도록 빈칸에 알맞은 말을 쓰시오.

1 그것은 4월 셋째 주 월요일에 개최된다.

It _____ _____ on the third Monday in April.

2 매년 3만 명 이상의 남성들과 여성들이 그것에 참가한다.

Every year, over 30,000 men and women _____ _____ _____ it.

3 그것은 그것들에 근거하여 당신에게 추천을 해준다.

It gives you a recommendation _____ _____ them.

내신공략! 독해공략!

내공
중학영어독해

기본**1**

정답 및 해설

DARAKWON

UNIT 01

Words & Phrases

p.011

A						
	1 laugh	2 우울증	3 행동	4 waste	5 alone	6 소설
	7 콧수염	8 휴식을 취하다; 완화하다	9 enter	10 rule		11 열대의
	12 턱수염	13 enough	14 부정적인	15 야기하다; 원인		16 survey
	17 자주	18 mental	19 얼굴의	20 긍정적인	21 우아한	22 post
	23 limit	24 열기	25 share	26 실망한	27 expert	28 생각
	29 protect	30 wide	31 금지하다	32 opinion	33 어부	34 illegal
	35 포획하다	36 해치다	37 문	38 single	39 realize	40 단정한

B				
	1 keep in touch	2 In the past	3 up to	4 am willing to	5 are more likely to

01 Facebook Depression

p.012

정답   1 ⑤   2 (1) F (2) T   3 ⑤   4 limit   5 social media, depression

지문 해석   오늘날, 소셜미디어가 인기이다. 사람들은 의견과 생각, 다른 정보를 공유하기 위해 그것을 이용한다. 그것은 또한 친구, 가족들과 연락하고 지내는 훌륭한 방법이다.

그렇지만 소셜미디어가 전적으로 긍정적인 것은 아니다. 그것은 우울증을 야기할 수 있다. 미국에서 연구자들이 19세에서 32세 사이의 사람들을 설문 조사했다. 그들은 소셜미디어를 자주 사용하는 사람들은 우울해 할 가능성이 더 높다는 것을 알아냈다. 이 현상은 '페이스북 우울증'이라고 불린다. 전문가들은 그것의 원인을 알고 있다고 말한다. 사람들은 자신들의 삶이 멋지게 보이게 하기 위해 소셜미디어에 글을 올린다. 그러면 다른 사람들은 그들의 멋진 삶을 본다. 그들은 자신들의 삶은 좋지 않아서 실망감을 느낀다. 그것은 일부 사람들이 우울함을 느끼게 만든다.

만약 우울함을 느낀다면 당신은 소셜미디어에 쓰는 시간을 제한해야 한다. 또한 누구의 삶도 완벽하지 않다는 점을 기억해야 한다. 소셜미디어에서는 모든 것이 훨씬 좋아 보인다.

문제 해설   1 페이스북 우울증이 어떻게 발생하는지가 글의 핵심이므로 ⑤ '소셜미디어가 어떻게 사람들을 불행하게 만들 수 있는가'가 가장 알맞다.
① 우울증에 대처하는 방법
② 시간을 현명하게 사용하는 방법
③ 소셜미디어의 장점들
④ 페이스북 우울증의 징후들

2 (1) 19세에서 32세를 대상으로 한 설문 조사를 바탕으로 하고 있다. (5~6행)
(2) 소셜미디어를 자주 사용하는 사람들은 우울해 할 가능성이 더 높다고 했다. (6~7행)

3 다른 사람들의 멋진 삶을 보고 자신의 삶에 실망하여 우울함을 느낀다고 했으므로 ⑤가 가장 알맞다. (8~11행)

4 '원하는 것을 할 수 있는 자유를 줄이거나 통제하다'의 의미를 가진 단어는 limit(제한하다)이다. (12행)
[문제] 다음 주어진 뜻을 가진 단어를 글에서 찾아 쓰시오.

5 소셜미디어에 너무 많은 시간을 쓰는 것은 우울증을 야기할 수 있다.

02행 It is also a great way **to *keep*** in touch with friends and family.
- to keep은 a great way를 수식하는 형용사적 용법의 to부정사이다.
- keep in touch with는 '~와 연락하고 지내다'의 의미이다.

06행 They found that **people** [**who** used social media frequently] *were more likely to be* depressed.
- [ ]는 people을 수식하는 주격 관계대명사절이다. 선행사가 people(사람)이므로 who가 왔다.
- 〈be more likely + to-v〉는 '~할 가능성이 더 높다'의 의미이다.

08행 People post things on social media **to *make*** their lives look great.
- to make는 to부정사의 부사적 용법으로 목적을 나타낸다.
- 〈make + 목적어 + 동사원형〉은 '~가 …하게 만들다'라는 뜻이다.

02 Manta Rays

p.014

정답	**1** ④ **2** (1) T (2) T **3** ④ **4** capture, kill

지문 해석 만타가오리는 모든 가오리들 중에서 가장 크다. 가장 큰 것은 너비가 7미터까지 될 수 있다. 만타가오리는 온대 및 열대수역에서 살며 사람을 해치지 않는다. 그들은 또한 우아하게 수영하는 동물이기도 하다. 그들은 천천히 움직이고 새처럼 물속을 가르며 다닌다. 그들은 수영할 때 매우 아름답게 보인다.

그러나 어떤 사람들은 그들을 죽이고 판다. 어부들은 가오리 한 마리를 판매함으로써 40달러에서 500달러까지 벌 수 있다. 이러한 이유로, 몇몇 지역에는 만타가오리가 거의 남아 있지 않다. 과거에는 인도네시아 어부들이 많은 만타가오리를 사냥하고 죽였다. 하지만 2014년에 인도네시아는 만타가오리를 보호하기 시작했다. 거기서 만타가오리를 포획하거나 죽이는 것은 이제 불법이다.

인도네시아는 관광객들이 만타가오리를 보는 것을 좋아한다는 것을 깨달았다. 관광객들은 바다에서 그들을 보기 위해 기꺼이 돈을 지불한다. 단 한 마리의 가오리는 일생 동안 백만 달러 이상의 수익을 가져올 것이다. 그래서 인도네시아는 가오리를 보호함으로써 훨씬 더 많은 돈을 벌 것이다.

문제 해설 **1** 만타가오리는 사람을 해치지 않는다고 설명되어 있다. (2~3행)

2 (1) 인도네시아에서 만타가오리를 포획하거나 죽이는 것은 불법이다. (10~11행)
(2) 한 마리의 만타가오리는 일생 동안 백만 달러 이상을 벌어들인다고 했다. (14~16행)
(1) 만타가오리는 인도네시아에서 법으로 보호된다.
(2) 만타가오리는 죽었을 때보다 살아있을 때 값어치가 더 크다.

3 관광객들이 만타가오리를 좋아하는 것을 보고 법으로 보호하기 시작한 것이므로 ④가 적절한 답이다. (12~13행)

4 인도네시아에서, 사람들은 만타가오리를 <u>포획</u>하거나 <u>죽이</u>면 안 된다.

구문 해설 01행 Manta rays are **the largest of all rays**.
- 최상급 + of + 복수명사: ~ 중에서 가장 …한

07행 For this reason, **there** are *few* manta rays **left** in some areas.
- 〈there is/are + 명사 + left〉는 '~이 남아 있다'의 의미이다.
- few는 '거의 없는'의 의미이다. *cf.* a few: 약간의

10행 **It** is now illegal **to capture or kill manta rays there**.
- It은 가주어, to capture ~ there가 진주어이다. 해석하면 '거기서 만타가오리를 포획하거나 죽이는 것은 이제 불법이다'가 된다.

13행 Tourists **are willing to pay** to look at them in the ocean.
  • 〈be willing to-v〉는 '기꺼이 ~하다'의 의미이다.

14행 A single ray will **bring in** more than one million dollars over its lifetime.
  • bring in은 '(이익을) 가져오다'의 의미이다.

03 Reading Fever

p.016

정답   **1** ⑤   **2** ②   **3** ③   **4** 책을 읽으면서 혼자 웃거나 우는 것

| *Summary* | Novels, read, crazy, dangerous

지문 해석   소설 읽는 것을 좋아하는가? 많은 사람들이 책을 읽으며 몇 시간을 보낸다. 소설은 1700년대에 인기를 얻게 되었다. 그 당시에 어떤 사람들은 젊은이들이 책을 너무 많이 읽는다고 생각했다. 그들은 젊은이들이 너무 많은 시간을 낭비하고 있다고 걱정했다.

그들은 또한 책 읽는 것이 정신적인 문제를 야기한다고 믿었다. 독자들은 웃기는 부분에서 웃고 슬픈 부분에서는 울곤 했다. 사람들은 종종 웃거나 울고 있는 독자들을 보았다. 그들은 혼자였다. 그들은 책 한 권을 갖고 있을 뿐이었다. 왜 그들은 웃거나 울고 있었을까? 그땐 그것이 이상한 행동이었다. 사람들은 이 새로운 정신적인 문제를 '독서 열기' 또는 '독서 열광'이라고 불렀다. '열기'와 '열광'은 모두 누군가가 무언가에 푹 빠져있을 때 사용되었다.

사람들은 책이 문제라고 생각했다. 그래서 어떤 나라들은 많은 인기 있는 소설을 금지했다. 이제 우리는 이것이 사실이 아니라는 것을 안다. 책을 읽을 때 울거나 웃는가? 당신은 운이 좋다! 요즘에는 아무도 당신을 미쳤다고 생각하지 않을 것이다.

문제 해설   **1** 1700년대 소설이 처음 유행하던 시점에 독자들이 소설에 빠져 웃고 우는 모습에 대해 당시 사람들이 가졌던 우려를 설명하고 있다.

2 첫 번째 단락에 1700년대에 소설이 유행하면서 젊은이들이 책을 많이 읽었다는 내용이 언급되어 있다.

3 책을 읽는 것이 정신적인 문제를 일으킨다고 믿었으므로 ③ '그것들은 위험했다'가 가장 적절하다. (5행)
[문제] 18세기에 사람들은 책에 대해 어떻게 생각했는가?
① 그것들은 이로웠다.
② 그것들은 지루했다.
④ 그것들은 읽기가 어려웠다.
⑤ 그것들은 젊은 사람들만을 위한 것이었다.

4 앞 부분에서 책을 읽으면서 혼자 웃거나 우는 것을 의아한 일로 묘사하고 있다.

| *Summary* |

읽었다	미친	소설들	위험한

<u>소설</u>은 1700년대에 유행하게 되었다. 독자들은 책을 읽으며 몇 시간을 보냈고 때로는 <u>읽으면서</u> 웃거나 울기도 했다. 사람들은 독자들이 <u>미쳐가고</u> 있다고 생각했다. 몇몇 국가들은 인기 있는 소설을 금지하기도 했다. 지금 우리는 원하는 만큼 많이 책을 읽을 수 있다. 아무도 독서가 <u>위험하다고</u> 생각하지 않는다.

구문 해설   03행   They were worried **that** young people were wasting too much time.
  • 감정 형용사 뒤에 오는 that절은 감정의 원인을 나타내어 '~해서'의 의미가 된다.
    (= They were worried **because** young people were wasting too much time.)

05행 They also believed [**that** reading caused mental problems].
- believe는 종종 that이 이끄는 명사절을 목적어로 취해서 '~라고 믿다'라는 의미로 쓰인다. 이때 접속사 that은 생략할 수 있다.

05행 Readers **would** laugh at funny parts and cry at sad parts.
- 조동사 would는 과거의 습관이나 반복되던 일을 나타내어 '~하곤 했다'의 의미로 쓰였다.

08행 They **called this new mental problem "reading fever" or "reading mania."**
- 〈call A B〉는 'A를 B라고 부르다'의 의미이다.

04 No Long Hair!

p.018

정답	**1** ⑤ **2** ③ **3** ⑤ **4** 더 많은 직원이 필요했지만 충분한 사람들을 찾을 수 없었기 때문에 **5** meet

지문 해석   1960년대 후반까지 장발의 남성들은 디즈니랜드에 들어갈 수 없었다. 공원 직원들은 장발의 남성들을 문에서 멈춰 세웠다. 직원들은 그 남성들에게 그들이 공원의 복장 규정을 충족시키지 않았다고 말했다.

원래는 디즈니랜드 직원들만이 짧은 머리를 해야 했다. 그들은 콧수염이나 턱수염도 기를 수 없었다. 하지만 디즈니랜드는 이런 규정들 중의 일부를 공원 입장객들에게도 적용했다. 그 당시에 사람들은 장발을 하거나 수염이 있는 남성들에 대해 부정적인 이미지를 갖고 있었다. 디즈니랜드는 공원 입장객들이 공원에서 그런 사람들을 보고 싶어하지 않을 것이라고 생각했다.

1970년대에 디즈니랜드는 공원 입장객들에 대해 그 규정들을 완화했다. 장발을 한 남성들이 공원에 들어갈 수 있게 된 것이다. 하지만 디즈니랜드는 직원들에게는 그 규칙을 유지했다. 2000년에, 디즈니랜드는 더 많은 직원이 필요했지만 충분한 사람들을 찾을 수가 없었다. 이러한 이유로 그들은 다시 규정을 바꾸었다. 이제 디즈니랜드 직원들은 콧수염을 기를 수 있다. 하지만 그들은 항상 그것들을 짧고 단정하게 유지해야 한다.

문제 해설   **1** 13~14행에 이젠 직원들도 콧수염을 기를 수 있다는 설명이 나오므로 ⑤는 맞지 않다.

2 1970년대에 입장객에 대한 규정이 완화되어 장발의 남성도 입장할 수 있게 되었다는 내용이 나온다. (9~10행)

3 짧고 단정하게 유지해야 하는 것이므로 문맥상 바로 앞 문장의 mustaches를 가리킨다.

4 2000년에는 더 많은 직원이 필요했지만 충분한 사람들을 찾을 수 없었다고 했다. (11~12행)

5 • 우리 학교는 학생들의 요구를 <u>충족시키기</u> 위해 노력했다.
- 몇몇 나라들에서는 사람들이 <u>만나면</u> 종종 악수를 한다.

구문 해설   01행 Until the late 1960s, men **with** long hair could not enter Disneyland.
- with는 소유를 나타내어 '~을 가진'의 의미로도 쓰인다. men with long hair는 '긴 머리를 가진 남성들'의 의미이다.

02행 The workers **told them that** they did not meet the park's dress code.
- 〈tell + 목적어 + that절〉은 '~에게 …라고 말하다'이다. tell의 직접목적어로 that절이 쓰였다.

05행 However, Disneyland **applied** some of these rules **to** park guests too.
- 〈apply A to B〉는 'A를 B에 적용하다'의 의미이다. 해석하면 '이런 규정들 중의 일부를 공원 입장객들에게도 적용했다'라는 뜻이다.

14행 But they must always **keep them short and neat**.
- 〈keep + 목적어 + 형용사〉는 '~을 …하게 유지하다'의 의미이다. keep them short and neat은 '그것들을 짧고 단정하게 유지하다'라고 해석한다.

A　1　소셜미디어를 자주 사용하는 사람들은 우울해할 가능성이 더 높았다.

　　2　이러한 이유로, 몇몇 지역에는 만타가오리가 거의 남아있지 않다.

　　3　많은 사람들이 책을 읽으며 몇 시간을 보낸다.

　　4　직원들은 그들에게 그들이 공원의 복장 규정을 충족시키지 않았다고 말했다.

B　1　People <u>post things on social media</u> to make their lives look great.

　　2　The largest one can <u>be up to 7 meters wide</u>.

　　3　They must always <u>keep them short and neat</u>.

C　1　It is also a great way to <u>keep in touch</u> with friends and family.

　　2　Tourists <u>are willing</u> to pay to look at them in the ocean.

　　3　<u>Until</u> the late 1960s, men with long hair could not enter Disneyland.

UNIT 02

Words & Phrases

A

1 해안, 연안	**2** amount	**3** shocked	**4** present	**5** business	**6** 자금을 대다

1 해안, 연안　**2** amount　**3** shocked　**4** present　**5** business　**6** 자금을 대다

7 bill　**8** 몰래　**9** 제공하다　**10** 이국적인　**11** 사치의, 고급의

12 backyard　**13** 보호소　**14** 소지품　**15** local　**16** 입양하다　**17** ~ 동안

18 catch　**19** 세탁소　**20** 굽다　**21** husband　**22** 쪽지, 메모　**23** 포함하다

24 풍부한　**25** mission　**26** 노예　**27** 자선 단체　**28** homeless　**29** once

30 죄수　**31** 개인적인　**32** 받다　**33** 상자　**34** 보상　**35** various

36 집에서 만든　**37** passenger　**38** ~에서 도망치다　**39** ~하기로 결심하다

40 떨어지다

B

1 far from　**2** in need　**3** as a joke　**4** ended up　**5** report, missing

---

05 The Cockroach of the Ocean

정답

1 ④　　**2** ④　　**3** (1) T　(2) F

4 other foods were difficult to find, but lobster was easy to get　**5** plentiful

지문 해석　바닷가재는 인기 있는 음식이다. 하지만 그것은 한때 '바다의 바퀴벌레'로 불렸다. 그것은 너무나 많고 값이 쌌다. 사람들은 그것을 노숙자와 노예, 죄수, 심지어 동물에게 주었다.

그러면 바닷가재는 어떻게 그렇게 인기를 얻게 되었을까? 그것은 1800년대 후반에 기차에서 시작됐다. 바다에서 멀리 살던 많은 사람들은 바닷가재가 무엇인지 몰랐다. 그래서 철도 회사들은 그것을 그 승객들에게 제공할 수 있었다. 승객들은 그것을 좋아했다. 그들은 그것이 이국적인 음식이라고 생각했다. 그 후 2차 세계 대전 동안 많은 사람들이 바닷가재를 먹기 시작했다. 다른 음식들은 찾기가 어려웠지만 바닷가재는 구하기가 쉬웠다. 부유한 사람들조차 그것이 맛있다고 생각했다.

2차 세계 대전이 끝난 후, 점점 더 많은 사람들이 바닷가재를 먹었다. 그래서 바다에는 바닷가재의 수가 점점 더 줄었다. 그것들은 잡기가 더 어려워졌다. 그것들은 더 작아졌다. 바닷가재 가격은 올랐다. 오늘날 바닷가재는 인기 있는 음식이다. 하지만 그것은 또한 고급스런 음식이기도 하다.

문제 해설　**1** '바다의 바퀴벌레'로 냉대받던 바닷가재가 오늘날 고급 음식으로 자리잡기까지의 과정을 설명하고 있으므로 ④ '바닷가재는 어떻게 인기를 얻게 되었는가'가 가장 적절하다.

① 바닷가재를 요리하는 방법

② 인기 있는 바닷가재 요리

③ 바닷가재의 별명들

⑤ 바닷가재의 건강상 이점들

2 '바다의 바퀴벌레'라는 별명을 소개한 뒤 바로 이어서 그것이 '너무나 많고 값이 쌌다'라고 언급되어 있다. (2~3행)

3 (1) 두 번째 단락에서 철도 회사가 바닷가재를 승객들에게 제공하면서 인기를 얻기 시작했다는 내용이 나온다. (5~8행)

(2) 2차 세계 대전이 되어서야 부자들도 바닷가재를 먹기 시작했다. (9~11행)

(1) 철도 회사들은 바닷가재를 인기 있게 만드는 데 도움을 줬다.

(2) 1800년대 후반까지는 부유한 사람들만이 바닷가재를 먹었다.

4 다른 음식들은 찾기가 어려웠지만 바닷가재는 구하기가 쉬웠다는 설명이 나온다. (9~10행)

Q: 2차 세계 대전 동안 왜 사람들은 바닷가재를 먹었는가?

A: 다른 음식들은 찾기가 어려웠지만 바닷가재는 구하기가 쉬웠기 때문에

5 '대량으로 또는 많이 존재하는'이라는 의미를 가진 단어는 plentiful(풍부한)이다. (2행)

[문제] 다음 주어진 뜻을 가진 단어를 글에서 찾아 쓰시오.

구문 해설

03행 People **gave it to homeless people, slaves, prisoners, and even animals**.
- 〈give A to B〉는 'A를 B에게 주다'라는 의미이다. 이 문장에서는 homeless ~ animals가 B에 해당한다.

06행 Many **people** [**who** lived far from the ocean] did not know *what lobster was*.
- [ ]는 people을 수식하는 주격 관계대명사절이다. 해석하면 '바다에서 멀리 살던 사람들'이 된다.
- what lobster was는 동사 know의 목적어절로 '바닷가재가 무엇인지'라는 의미이다. 의문문이 문장 일부로 쓰인 간접의문문으로 〈의문사 + 주어 + 동사〉의 어순이 쓰였다.

09행 Other foods were difficult **to find**, but lobster was easy **to get**.
- to find와 to get은 각각 형용사 difficult와 easy를 수식하는 부사적 용법으로 쓰였다. 형용사를 수식하는 to부정사는 '~하기에'로 해석한다.

13행 They were harder **to catch** (*than before*). They were smaller (*than before*).
- to catch는 형용사 harder를 수식하는 to부정사의 부사적 용법으로, '잡기가 더 어려운'의 뜻이다.
- 문맥상 비교 대상이 분명하거나 뻔할 땐 종종 생략된다.

06 Crowdfunding

p.026

| 정답 | **1** ⑤ | **2** ⑤ | **3** ③ | **4** reward | | *Summary* | online, Kickstarter, fund, successful |

지문 해석

당신은 크라우드펀딩에 대해 들어본 적이 있는가? 그것은 많은 사람들로부터 소액의 돈을 얻음으로써 돈을 모으는 방법이다. 그것은 사업체나 자선 단체, 개인적인 필요를 위한 돈을 모으기 위해 사용될 수 있다.

오늘날, 사람들은 인터넷에서 크라우드펀딩을 한다. 가장 인기 있는 사이트는 Kickstarter(킥스타터)이다. 그것은 2009년에 만들어졌다. Kickstarter에서 사람들은 사업 계획에 자금을 대고 다양한 보상을 받는다. 예를 들어 그들은 티셔츠나 특별한 '감사 인사'를 받는다. 그들은 또한 제품이 팔리기 전에 그것을 시험해볼 수 있다. 2015년에 Kickstarter에서 가장 성공적이었던 사업 계획은 Pebble Time이었다. 그것은 특별한 화면이 있는 스마트워치이다. 그 사업 계획은 30여분 만에 백만 달러를 벌었다.

한 남성은 심지어 감자 샐러드 만들 돈을 구하기 위해 Kickstarter를 이용하기도 했다. 그는 그것을 농담 삼아 시작했다. 하지만 그의 모금 운동이 끝날 무렵에 그는 55,492달러를 모았다! 그는 그에게 돈을 준 모든 이들을 위한 감자 샐러드 파티를 열었다.

문제 해설

1 정의와 목적(1~3행), 관련 사이트(4~5행), 성공 사례(두 번째 단락과 세 번째 단락)는 언급되어 있지만 크라우드펀딩의 문제점에 관해서는 언급된 바가 없다.

2 빈칸 뒤의 내용은 앞 문장의 'various rewords'에 대한 예시들이므로 ⑤ '예를 들어'가 가장 적절하다.

① 대신에　　　② 하지만　　　③ 그 결과　　　④ 게다가

3 후원자들은 티셔츠나 특별한 감사 인사를 받거나 시제품을 써볼 수는 있지만 배당금을 지급받지는 않는다. (6~7행)

4 '당신이 한 일 때문에 받는 것'의 의미를 가진 단어는 reward(보상)이다. (6행)

[문제] 다음 주어진 뜻을 가진 단어를 글에서 찾아 쓰시오.

| Summary |

| 자금을 대다   온라인으로   성공적인   Kickstarter |

크라우드펀딩은 특정 사업 계획을 위해 <u>온라인으로</u> 모금하는 방법이다. 가장 인기 있는 사이트는 <u>Kickstarter</u>이다. Kickstarter에서 사람들은 그들이 좋아하는 사업 계획에 <u>자금을 댄다</u>. 그 보답으로 그들은 티셔츠나 특별한 '감사 인사'같은 것을 받을지도 모른다. Pebble Time은 Kickstarter에서 가장 <u>성공적인</u> 사업 계획들 중의 하나였다.

구문 해설

08행 **The most successful project** on Kickstarter in 2015 was Pebble Time.

• The ~ 2015가 주어에 해당하지만 핵심은 The most successful project이다. 주어에 수식어가 많을 땐 핵심 부분을 찾는다.

12행 But **by the end of** his campaign, he had 55,492 dollars!

• by the end of는 '~이 끝날 무렵'이라는 의미이다.

cf. by와 until은 모두 '~까지'로 해석되지만 by는 일의 종료 시점을, until은 종료 시점까지 행위가 계속되고 있음을 강조한다. *e.g.* finish by 3 o'clock (3시까지 끝내다) / work until 3 o'clock (3시까지 계속 일하다)

13행 He had a big potato salad party for **everyone** [**who** gave him money].

• [ ]는 everyone을 수식하는 주격 관계대명사 절이다.

• 〈give A B〉는 'A에게 B를 주다'라는 의미이며, 〈give B to A〉로 바꾸어 쓸 수 있다. (= gave money to him)

07 A Lost-and-Found Dog

p.028

| 정답 | **1** ③ | **2** ④ | **3** ④ | **4** adopt | **5** shelter |

지문 해석

2012년에 허리케인 Sandy(샌디)는 미국의 동부 해안 지역을 덮쳤다. 사람들은 그들의 집과 모든 소지품들, 심지어 <u>애완동물들</u>까지 잃었다.

James 씨 가족은 그 허리케인이 지나는 동안 그들의 개, Reckless를 잃어버렸다. 그는 그들의 뒤뜰에서 도망쳤다. 그 가족은 Reckless를 분실 신고했고 동물 보호소에 정기적으로 전화를 했다. 하지만 18개월이 지난 후 그들은 희망을 포기했다.

그 가족은 딸의 열 번째 생일 선물로 새 개를 구하기로 결심했다. 그들은 개를 입양하기 위해 지역 동물보호소에 갔다. 직원이 그들에게 보여주기 위해 개 한 마리를 데리고 나왔을 때 그들은 충격을 받았다. 그것은 Reckless였다!

보호소 직원은 허리케인이 지난 후 거리에서 Reckless를 발견했다. 그 후에 한 가족이 그를 입양했다. 하지만 Reckless는 그들에게서 도망쳤고 결국 다시 보호소 신세가 되었다. 그들은 그가 돌아와서 매우 기뻤다. 이제 그들은 결코 다시 떨어지지 않을 것이다!

문제 해설

1 빈칸 뒤에 James 씨 가족이 애완견을 잃었다 찾게 된 내용이 이어지므로 ③ '애완동물들'이 가장 알맞다.

① 자동차들   ② 일자리들   ④ 목숨들   ⑤ 돈

2 7~8행에 딸의 10번째 생일이라는 언급은 있지만 언제인지는 언급되지 않았다.

① 그들의 개 이름은 무엇인가? (3행)

② 그들이 언제 개를 잃어버렸는가? (3행)

③ 그들은 얼마 동안 개를 잃어버렸는가? (5행)

④ 딸의 생일은 언제인가? (언급되지 않음)

⑤ 그들은 개를 어디서 찾았는가? (8~10행)

3 ⓐ, ⓑ, ⓒ, ⓔ는 모두 James 씨 가족을 가리키지만 ⓓ는 Reckless를 입양했던 가족(a family)을 가리킨다.

4 get은 '구하다, 마련하다'의 뜻으로, 문맥상 adopt(입양하다)로 바꾸어 쓸 수 있다. (8행)

5 '노숙자들이나 동물들이 잠을 자고 음식을 얻을 수 있는 장소'의 의미를 가진 단어는 shelter(보호소)이다. (5, 8, 11행)

구문 해설　03행　**The James family** lost *their dog, Reckless,* during the hurricane.
- 'James 씨 가족'은 the James family 또는 the Jameses로 나타낼 수 있다. *cf.* 〈the + 성(e)s〉: ~ 씨 가족
- Reckless는 their dog와 동격의 관계로, 해석하면 '그들의 개, Reckless'란 뜻이다. 동격을 나타내는 삽입구에는 이처럼 콤마(,)가 쓰인다.

04행　The family **reported** Reckless **missing** and called the animal shelters regularly.
- 〈report + 목적어 + missing〉은 '~을 분실 신고하다'의 의미이다. (missing: 없어진, 실종된)

07행　The family **decided to get** a new dog for their daughter's 10th birthday present.
- decide는 to부정사를 목적어로 취하여 '~하기로 결심하다'의 의미를 갖는다.

13행　They were so **happy to have** him back.
- 〈감정 형용사 + to부정사〉는 '~해서 …한'의 의미를 갖는다. 이때 to부정사는 형용사를 수식하는 부사적 용법으로 감정의 원인을 나타낸다.

08 The 9 Nanas

p.030

정답	**1** ④　**2** ③　**3** ③　**4** 매일 새벽 4시에 만나 함께 파운드 케이크를 굽는 것　**5** secret

지문 해석　미국 테네시 주에서는 아홉 명의 여성들이 매일 새벽 네 시에 만난다. 그들은 수백 개의 파운드 케이크를 굽기 위해 함께 일한다. 그들은 이것을 30년이 넘도록 해왔다. 자신들을 '9명의 할머니들(Nanas)'이라고 부른다. 그들의 모임은 비밀이다. 그들의 남편들조차도 그들이 무엇을 하고 있는지를 몰랐다.

그들에게는 한 가지 임무가 있다. 바로 행복을 만들어내는 것이다. 그들은 그들 도시에 있는 사람들을 돕고 싶어 한다. 보통 사람들은 자신들의 옷을 세탁소에 가져간다. 하지만 그 여성들은 그들의 빨래를 직접 함으로써 그 돈을 절약한다. 이런 방법으로 그들은 매달 약 400 달러를 모은다. 그런 후에 그들은 어려움에 처한 사람들을 찾아서 그들의 고지서 요금들을 몰래 내준다. 그들은 또한 밤에 그들의 집에 방문해 옷과 같은 유용한 물품들이 든 상자를 놓아 둔다. 모든 것은 익명이다.

아홉 명의 할머니들은 각 상자에 쪽지를 남겨둔다. 쪽지에는 항상 '누군가 당신을 사랑합니다.'라고 적혀있다. 그 쪽지와 함께, 그들은 항상 집에서 만든 파운드 케이크를 포함시킨다.

문제 해설　**1** 행복을 만들 목적으로 남몰래 파운드 케이크를 굽고 어려운 사람들을 돕는 할머니들에 관한 이야기이므로 ④ '다정한 사회를 만들기 위한 비밀 임무'가 가장 적절하다.
① 어려움에 처한 사람들을 돕는 방법
② 돈을 모으기 위한 다양한 방법들
③ 아홉 명의 할머니들의 파운드 케이크 조리법
⑤ 행복해지기 위해 당신이 매일 할 수 있는 작은 일들

2 남편들조차 그들이 하는 일을 몰랐다고 했다. (8~9행)

3 돈을 모으기 위해 자신들의 옷을 세탁한 것이므로 ③은 사람들에게 해준 일로 맞지 않는다. (12~13행)

4 앞에 나온 내용, 즉 매일 새벽 네 시에 만나 함께 수백 개의 파운드 케이크를 굽는 것을 가리킨다.

5 아홉 명의 할머니들은 그들의 선행을 30년 넘게 비밀로 유지해왔다.

05행 They **have done** this **for more than 30 years**.

- 현재완료(have + p.p.)가 'for + 기간' 또는 'since + 과거시점'과 함께 쓰이면 과거에 시작해서 현재까지 계속된 동작이나 상태를 나타낸다.

  cf. I **have known** him **for 10 years**. (나는 그를 10년 동안 계속 알고 지냈다.)

  I **have known** him **since 10 years ago**. (나는 10년 전부터 그를 계속 알고 지냈다.)

08행 Even their husbands did not know **what they were doing**.

- what they were doing는 동사 know의 목적어로 쓰인 명사절이다. 간접의문문으로 〈의문사 + 주어 + 동사〉의 어순이 쓰였다.

12행 However, the women save the money **by *doing*** their own laundry.

- 〈by -ing〉는 '~함으로써'의 의미이다.
- do one's own laundry는 '빨래를 직접 하다'의 의미이다. own은 '~ 자신의'의 의미이다.

focus On Sentences

p.032

Ⓐ 1 그것은 한때 '바다의 바퀴벌레'라고 불렸다.

2 다른 음식들은 찾기가 어려웠지만, 바닷가재는 구하기가 쉬웠다.

3 당신은 크라우드펀딩에 대해 들어본 적이 있는가?

4 그들은 이것을 30년이 넘도록 해왔다.

Ⓑ 1 So <u>there were fewer and fewer lobsters</u> in the oceans.

2 Reckless ran away from them and <u>ended up in the shelter again</u>.

3 They were <u>so happy to have him back</u>.

Ⓒ 1 He started it <u>as a joke</u>.

2 The family <u>reported</u> Reckless <u>missing</u>.

3 They look for people <u>in need</u> and secretly pay their bills.

UNIT 03

A					
1 sadness	**2** fishing	**3** pilot	**4** 궁금해하다	**5** 공간	**6** 빌려주다
7 pray	**8** 관	**9** 장례식	**10** creative	**11** 소중한; 값비싼	
12 둘러보다	**13** 예약하다	**14** tool	**15** 굽다	**16** modern	**17** unique
18 참석하다	**19** 기념하다, 축하하다		**20** 빌리다	**21** 영양분이 많은	
22 두꺼운; 걸쭉한, 된		**23** repair	**24** 전문가의	**25** bill	**26** 호화로운
27 dress	**28** dead	**29** 반죽	**30** 씹다	**31** 갈다, 빻다	**32** check
33 원천, 공급원	**34** 판매하다	**35** 소유하다	**36** creamy	**37** draw	**38** 으깨다
39 의식, 식	**40** ~을 찾다				

B				
1 shaped like	**2** check out	**3** is worth	**4** for free	**5** to his advantage

09 Library of Things   p.036

정답	**1** ④	**2** ④	**3** ⑤	**4** books

지문 해석 무언가를 사고 전혀 사용하지 않은 적이 있는가? 그것은 돈과 집안 공간의 낭비이다. 캘리포니아의 새크라멘토에 사는 사람들은 이점에 대해 더 이상 걱정할 필요가 없다. 새크라멘토 공립도서관이 그들을 도와줄 수 있다!

그 도서관은 '만물 도서관'을 시작했다. 도서관들은 대개 책만을 빌려준다. 이 도서관은 사람들이 사용할 수는 있지만 소유하고 싶지 않은 물건들을 빌려준다. 예를 들어 사람들은 연장, 재봉틀, 악기, 그리고 비디오 게임들을 빌릴 수 있다.

물건들을 빌리기 위해서 도서관 이용자들은 그들이 가지고 있는 것을 보기 위해 도서관에 갈 수 있다. 아니면 그들은 도서관 웹사이트를 방문해서 물품들을 둘러보거나 예약할 수 있다. 그리고 나서, 그들은 그것들을 대출하기 위해 도서관에 가야 한다.

도서관에는 사람들이 그 건물에서만 사용할 수 있는 물품들도 일부 있다. 거기엔 자전거 수리대, 3D 스캐너, 전문가용 재봉틀이 있다. 도서관들은 더 이상 책들만을 위한 것이 아니다!

문제 해설 **1** 책뿐만이 아니라 물건들도 빌려주기 시작한 미국의 한 공립 도서관에 관한 내용이므로 ④가 가장 적절하다.

2 물건을 대출하려면 도서관에 직접 가야 하므로 ④는 맞지 않는다. (11행)

3 대여 품목으로 자전거는 언급되지 않았으며, 건물 내에서만 이용할 수 있는 자전거 수리대가 있다고 했다. (13행)

4 도서관의 원래 용도, 즉 books가 오는 것이 가장 적절하다.

구문 해설 01행 **Have** you **ever bought** something but then never **used** it?
  • 현재완료 경험 용법으로 '~해본 적이 있는가?'의 의미이다. 경험 용법에는 종종 ever, never, once, twice, before 등의 부사가 함께 온다.

06행 This library lends **things** [**that** people can use but do not want to own].
  • [ ]은 things를 수식하는 목적격 관계대명사절이다. 해석하면 '사람들이 사용할 수는 있지만 소유하고 싶지 않은 물건들'이 된다.

09행 **To borrow** things, library users can go to the library **to look** at *what they have*.

- To borrow와 to look은 모두 to부정사의 부사적 용법으로 목적을 나타낸다.
- what은 선행사를 포함한 관계대명사로서 '~인 것'의 의미이다. 해석하면 '그들이 가지고 있는 것'이 된다.

11행 Then, they have to go to the library to **check them out**.

- check out은 '동사 + 부사'로 이루어진 구동사로서 '(도서관 등에서) 대출하다'의 뜻이다. 구동사의 목적어는 부사 앞이나 뒤에 올 수 있지만, 목적어가 대명사일 경우에는 〈동사 + 대명사 + 부사〉의 어순만 가능하다.
  cf. check out them (X)

10 Cash This Art!

p.038

정답	**1** ③	**2** ④	**3** ②	**4** (1) F (2) T	**5** valuable

지문 해석　Salvador Dali(살바도르 달리)는 유명한 화가였다. 전세계 사람들은 아직도 그의 미술작품을 사랑한다. 그들은 수년 동안 그의 그림들에 많은 돈을 지불해왔다. (B) 그의 가장 비싼 그림은 2천만 달러 이상의 가치가 있다. (C) 이 화가에 의한 작은 스케치조차도 값이 비싸다. (A) Dali는 가끔씩 이점을 그에게 유리하게 이용했다.

그는 호화롭고 값비싼 물건들을 매우 좋아했다. 그는 공짜로 물건들을 얻는 창의적인 방법을 생각해냈다. 그는 종종 식당에서 성대한 저녁 식사 파티를 열었다. 계산서가 오면 그는 항상 수표로 지불했다. 하지만 지불하기 전에, 그는 그 수표에 그림을 그렸다.

그 그림들은 그것을 아주 값비싸게 만들었다. Dali는 식당 주인이 그 수표를 현금으로 바꾸지 않을 거란 점을 알았다. 이런 식으로 Dali는 음식과 음료 값을 지불하지 않았다. 이제 많은 사람들이 이 수표들을 갖고 싶어한다. 어떤 사람들은 그것들을 찾고 있지만 그들은 전혀 찾을 수가 없다. 그것은 미스터리다. 만약 하나를 찾는다면 당신은 운이 좋을 것이다!

문제 해설　**1** 앞에서 그의 그림이 매우 비싸다고 했으므로 그 예에 해당하는 (B)가 먼저 오고, '그의 작은 스케치조차도 값이 비싸다'는 내용의 (C)가 온 다음, 이런 점을 this로 가리키는 (A)가 오는 것이 가장 자연스럽다.

2 계산서가 오면 Dail는 항상 수표로 계산했고, 그 수표에 그림을 그렸다고 했다. (8~9행)

[문제] 식당에서 식사를 한 후 Salvador Dali는 수표에 그림을 그리곤 했다.

① 계산서　　　② 벽　　　③ 식탁　　　⑤ 스케치북

3 수표에 그림을 그리면 식당 주인들이 그것을 현금화하지 않았고, (그러면 그의 통장에서 빠져나가는 돈이 없으므로) 그럼으로써 식사값을 지불하지 않았다는 내용이 언급되어 있다. (10~12행)

4 (1) 그는 호화롭고 값비싼 물건들을 좋아했다. (6행)

(2) 이 글은 그가 생전에 자신의 유명세를 이용해 공짜 식사를 했던 한 방법을 설명한 글이다.

5 Dali의 그림이 비쌌으므로 그의 그림이 있는 수표는 매우 귀중하고 값비쌀 것이다.

Q: 식당 주인들은 왜 Dali의 수표를 현금으로 바꾸지 않으려고 했는가?

A: 그 수표가 매우 값비쌌기 때문에

구문 해설　02행　They **have paid** a lot of money for his paintings **for many years**.

- 현재완료(have + p.p.)가 'for + 기간'과 함께 쓰이면 과거부터 지금까지 '(계속해서) ~해왔다'는 의미를 나타낸다.

03행　Dali sometimes used this **to his advantage**.

- to one's advantage는 '~에게 유리하게'의 의미이다.

He thought of a creative way **to get** things *for free*.

- to get은 to부정사의 형용사적 용법으로 a creative way를 수식한다.
- for free는 '공짜로, 무료로'의 의미이다.

10행 The pictures **made it** very **valuable**.

- 〈make + 목적어 + 형용사〉는 '~을 …하게 만들다'라는 의미이다.

10행 Dali **knew** that the restaurant owner **would** not cash the check.

- 주절의 동사가 과거시제(knew)이므로 시제 일치에 의해 will의 과거 would가 쓰였다.

11 Ghanaian Funerals

p.040

정답	**1** (1) T (2) F **2** ⑤ **3** ① **4** favorite thing
	5 ⓐ Ghanaian funerals ⓑ Ghanaian coffins

지문 해석 가나에서는 장례식이 슬픔의 시간만은 아니다. 그것들은 또한 고인들의 삶을 기념하는 시간이기도 하다. 가나의 장례식은 성대한 파티와도 같다. 거기에는 음식, 음료, 음악 그리고 춤이 포함된다. 종종 수백 명의 사람들이 장례식에 참여한다. 그들은 대개 검정과 빨강색 옷을 입지만 때때로 흰색 옷을 입기도 한다.

가나의 관들 또한 매우 독특하다. 그것들은 대개 고인이 좋아하는 물건과 모양처럼 생겼다. 예를 들어, 어떤 사람이 낚시를 좋아했다면 그 사람은 물고기 모양의 관을 가질지도 모른다. 조종사는 비행기 모양의 관을 가질지도 모른다. 심지어 코카콜라와 휴대전화 모양의 관들도 있었다!

장례식에는 고인들을 애도하고 기도하는 시간이 일부 포함되어 있다. 하지만 나머지 장례식은 파티 시간이다. 가나인들은 고인이 그들이 좋은 시간을 보내기를 원할 거라고 믿는다. 그들은 자신들이 좋은 시간을 보내는 것이 고인들에 대한 자신들의 사랑을 보여주는 것이라고 말한다. 장례식은 실제로 즐거울 수 있다!

문제 해설 **1** (1) 장례식에는 음악과 춤이 포함된다고 했다. (3행)

(2) 죽은 사람을 위해 애도하고 기도하는 시간이 있다고 했다. (11~13행)

(1) 사람들은 장례식에서 노래하고 춤을 춘다.

(2) 사람들은 장례식에서 울면 안 된다.

2 ① 장례식은 가나인들에게 어떤 의미인가? (1~2행)

② 장례식은 무엇을 포함하는가? (3행)

③ 장례식에 사람들은 보통 무슨 색 옷을 입는가? (4~5행)

④ 가나의 관들은 어떻게 생겼는가? (6~7행)

⑤ 장례식은 얼마 동안 지속되는가? (언급되지 않음)

3 슬픈 장례식과는 달리 춤과 노래가 있고 파티 같은 가나 장례식 문화를 소개하고 있으므로 ① '즐거운'이 가장 알맞다.

② 차분한　　　③ 고통스러운　　　④ 호화로운　　　⑤ 편안한

4 가나의 관들은 대개 고인의 아주 좋아하는 물건을 보여준다.

5 ⓐ는 음식, 음악, 춤이 포함된다는 것으로 보아 바로 앞 문장에 나오는 Ghanaian funerals를, ⓑ는 모양을 설명하는 것으로 보아 바로 앞 문장의 Ghanaian coffins를 가리킴을 알 수 있다.

01행 They are also a time **to celebrate** the life of *the dead*.

- to celebrate은 to부정사의 형용사적 용법으로 a time을 수식한다. a time to celebrate는 '기념하는 시간'의 의미이다.
- 〈the + 형용사〉는 복수 보통명사로서 '~인 사람들'을 나타낸다. 따라서 the dead는 '고인들(= dead people)'의 의미이다.

04행 They usually **dress in black** and **red**, but sometimes they **dress in white**.

- 〈dress in + 색〉은 '~색 옷을 입다'의 의미이다.

09행 **There have even been** *coffins* [*shaped* like Coca-Cola bottles and cell phones]!

- There have even been은 현재완료(have + p.p.)의 경험 용법으로, 해석하면 '심지어 ~도 있었다'의 의미이다.
- [ ]는 coffins를 수식하는 분사구이다. 현재분사나 과거분사가 수식어구와 함께 있으면 수식하는 명사 뒤에 온다.

16행 They say that **their having a good time** shows their love for the dead.

- their는 동명사 having의 의미상 주어이다. '그들이 좋은 시간을 보내는 것'으로 해석한다.

12 Peanut Butter

p.042

| 정답 | **1** ③ | **2** ⑤ | **3** ③ | **4** He created the first modern peanut butter. | **5** teeth |

지문 해석

땅콩버터는 인기 있는 음식이다. 그것은 빵에 바르면 맛이 좋다. 어떤 사람들은 그것에 젤리(과일 조각이 들어가지 않은 일종의 잼)와 과일을 곁들여 먹는다. 하지만 그것이 어디서 왔는지 궁금해한 적이 있는가? 땅콩버터는 사실 14세기에 아즈텍인들과 잉카인들에 의해 만들어졌다. 그들은 구워진 땅콩을 갈아서 반죽으로 만들었다.

1894년에 캐나다의 Marcellus Gilmore Edson은 최초의 현대식 땅콩버터를 발명했다. 그는 땅콩을 구워서 크림 같이 될 때까지 으깼다. 그는 그것을 더 달고 조금 더 걸쭉하게 만들기 위해 설탕도 첨가했다. 곧 콘플레이크의 창시자인 John Harvey Kellogg 같은 다른 이들도 다른 방법으로 그것을 만들기 시작했다. 1904년에는 최초의 땅콩버터 제조기가 발명되었다.

흥미롭게도 처음에 땅콩버터는 <u>치아</u> 문제가 있는 사람들을 위한 음식으로 판매되었다. 치아가 안 좋거나 없는 사람들은 음식을 잘 씹을 수가 없었다. 땅콩버터는 영양분이 많아서 그들에게는 탁월한 단백질 공급원이었다. 오늘날 땅콩버터는 모두에게 사랑 받는다. 미국에서는 땅콩버터의 날도 있다!

문제 해설

1 땅콩버터가 14세기에 처음 만들어진 후 오늘날의 땅콩버터가 되기까지의 과정을 설명하고 있으므로 ③ '땅콩버터의 역사'가 가장 적절하다.

① 땅콩버터를 먹는 방법   ② 땅콩버터를 만드는 방법
④ 땅콩버터는 왜 그렇게 인기가 있는가   ⑤ 땅콩버터의 건강상의 이점

2 ① 땅콩버터는 어디에서 왔는가? (5~7행)
② 현대의 땅콩버터는 언제 만들어졌는가? (9~11행)
③ John Harvey Kellogg는 누구인가? (13~14행)
④ 땅콩버터에는 어떤 영양소가 있는가? (18~19행)
⑤ 미국에서 땅콩버터의 날은 언제인가? (언급되지 않음)

3 14세기의 땅콩버터도 구운 땅콩을 갈아 반죽으로 만든 것이었으므로 ①, ②는 차이점이 될 수 없다. 땅콩버터 제조기는 그의 땅콩버터 이후에 발명되었고, 그의 땅콩버터가 더 영양가가 많은지는 알 수 없으므로 ④와 ⑤도 답으로 맞지 않다. 12행에 설탕을 추가했다는 설명이 나오므로 ③ '그는 설탕을 추가했다.'가 맞는 답이다.

[문제] Marcellus Gilmore Edson의 땅콩버터는 14세기에 만들어진 땅콩버터와 어떻게 달랐는가?

① 그는 구운 땅콩을 사용했다.   ② 그는 땅콩을 으깨었다.

④ 그는 그것을 기계로 만들었다.   ⑤ 그것은 더 영양가가 있었다.

4 Marcellus Gilmore Edson은 최초의 현대적인 땅콩버터를 발명했다. (9~11행)

  Q: Marcellus Gilmore Edson은 무엇을 했는가?

  A: <u>그는 최초의 현대식 땅콩버터를 발명했다.</u>

5 빈칸 뒤에 치아가 좋지 않거나 없는 사람들의 고충이 나오므로 빈칸에는 teeth가 적절하다.

구문 해설

03행   But **have** you **ever wondered** *where it came from*?

- ever와 함께 쓰이는 현재완료(have + p.p.)는 경험 용법으로서 '(과거부터 지금까지) ~한 적이 있다'의 의미이다.
- where ~ from은 wondered의 목적어로 쓰인 명사절이다. 간접의문문으로 〈의문사 + 주어 + 동사〉의 어순이 쓰였다.

07행   They **ground** roasted peanuts into a paste.

- 문장 전체의 동사는 ground(grind-ground-ground)이며, roasted는 형용사 역할을 하는 과거분사로 peanuts를 수식한다. roasted peanuts는 '구워진 땅콩'의 의미이다.

12행   He also added sugar **to** **make** *it sweeter* and *a little thicker*.

- to make는 to부정사의 부사적 용법으로 목적을 나타낸다.
- 〈make + 목적어 + 형용사〉는 '~을 …하게 만들다'의 의미로 형용사 보어 자리에 sweeter와 a little thicker가 쓰였다. 해석하면 '그것을 더 달고 조금 더 걸쭉하게 만들기 위해'라는 의미이다.

13행   Soon, **other people** such as *John Harvey Kellogg*, *the creator of Cornflakes*, **began** to make it in different ways.

- other people이 주어, began이 동사이다. such as ~ Cornflakes는 부연 설명을 위해 삽입된 어구이다.
- the creator of Cornflakes는 John Harvey Kellogg의 동격으로서 '콘플레이크의 창시자인 John Harvey Kellogg'로 해석된다.

16행   Interestingly, at first, peanut butter was marketed as a food for people **with teeth problems**.

- 전치사구 with teeth problems가 people을 수식하고 있다. with는 '~을 가진'의 의미이므로 '치아 문제가 있는 사람들'이란 뜻이다.

focus On Sentences

p.044

Ⓐ **1** 그들은 수년 동안 그의 그림들에 많은 돈을 지불해왔다.

2 그는 공짜로 물건들을 얻는 창의적인 방법을 생각해냈다.

3 그것들은 또한 고인들의 삶을 기념하는 시간이다.

4 오늘날 땅콩버터는 모두에게 사랑 받는다.

Ⓑ **1** Library users can go to the library <u>to look at what they have</u>.

2 The pictures <u>made it very valuable</u>.

3 Ghanaians believe that the dead person would <u>want them to have a good time</u>.

Ⓒ **1** Then, they have to go to the library to <u>check</u> them <u>out</u>.

2 Dali sometimes used this <u>to</u> <u>his</u> <u>advantage</u>.

3 A pilot may have a coffin <u>shaped</u> <u>like</u> an airplane.

UNIT **04**

Words & Phrases

p.047

A

1 sick	**2** exactly	**3** neck	**4** 드문	**5** (주사) 바늘	**6** blood
7 similar	**8** 묻다	**9** 편지; 글자	**10** 점	**11** 창	**12** travel
13 moon	**14** arrive	**15** 몸; 시신	**16** 화살	**17** 사냥꾼	**18** 총을 쏘다
19 믿을 수 없는	**20** donate	**21** 물다; 물린 상처	**22** snake	**23** bite
24 독	**25** 낫게 하다	**26** 자몽	**27** produce	**28** family	**29** 재배자
30 develop	**31** 화난, 속상한	**32** 복숭아	**33** piece	**34** branch	**35** stick
36 살구	**37** 독이 있는	**38** mix	**39** real	**40** 아프다, 병에 걸리다

B

1 work as **2** in his lifetime **3** get interested in **4** Would, like to **5** Pick up

13 A Heartbreaking Message

p.048

정답 **1** ⑤ **2** ② **3** ① **4** 편지가 늦게 가는 것 **5** letters

지문 해석 1825년에 Samuel Morse(새뮤얼 모스)는 화가로 일하고 있었다. 그는 그림을 그리기 위해 Washington D.C로 갔다. 어느 날 그는 자신의 아버지로부터 편지 한 통을 받았다. 그의 아내가 아프다는 내용이었다. 다음 날 그는 또 다른 편지를 받았다. 그의 아내가 죽은 것이다. 그는 그림 작업하는 것을 멈추고 코네티컷 주의 뉴 헤이븐의 집으로 갔다. 하지만 그가 집에 도착했을 때 그는 그의 아내의 시신을 볼 수가 없었다. 그녀는 매장되어 있었다. 이것은 그를 매우 슬프고 화나게 만들었다. 그는 편지가 늦게 가는 것이 문제라고 생각했다.

　Morse는 화가로 일하는 것을 그만 뒀다. 그 후 그는 장거리로 전갈을 보낼 방법을 만들기 시작했다. 1837년에 그는 그의 전신기를 발명했다. 그는 모스 부호도 개발했다. 모스 부호는 글자와 숫자를 보여주기 위해 점과 선을 이용한다. 그는 1838년에 모스 부호를 이용하여 첫 번째 전보를 보냈다.

　슬프게도 그는 자신의 아내가 죽은 지 오랜 후에야 그 문제를 해결했다. 하지만 Samuel Morse 덕분에, 많은 다른 사람들은 중요한 소식을 빨리 받았다.

문제 해설 **1** Samuel Morse가 전신기와 모스 부호를 발명하게 된 계기를 설명하는 글이므로 ⑤ '전신기와 모스 부호는 어떻게 발명되었나'가 가장 적절하다.
　① 아내를 잃은 남자
　② 모스 부호를 배우고 사용하기
　③ 전기 통신의 역사
　④ 과거의 통신 수단들

2 그의 아버지의 편지로 소식을 접했으므로 ②는 맞지 않는다. (5~6행)

3 Samuel Morse가 한 일은 전신기와 모스 부호를 발명하여 장거리에도 소식을 빨리 전할 수 있도록 한 것이므로 ① '중요한 소식을 빨리 받았다'가 가장 적절하다.
　② 읽고 쓰는 방법을 잘 배웠다
　③ 가족들과 더 많은 시간을 보냈다
　④ 질문들에 대한 답을 빨리 찾았다
　⑤ 다른 사람들과 정보와 사진을 공유했다

5 '글자'와 '편지'라는 뜻을 동시에 가지는 단어는 letter이다.
- 알파벳에는 26개의 글자들이 있다
- 그들은 서로에게 많은 편지들을 썼다.

구문 해설

01행 In 1825, Samuel Morse **was *working*** as an artist.
- 〈was/were + -ing〉는 '~하던 중이었다'라는 뜻의 과거진행 시제이다.
- work as는 '~로 일하다'라는 의미이다.

06행 He **stopped working** on his painting and traveled *home* in New Haven, Connecticut.
- 〈stop + -ing〉는 '~하는 것을 멈추다'의 의미이다.
- home은 부사로 '집에, 집으로'의 의미를 갖는다. *cf.* traveled to home (X)

09행 This **made him** very **sad** and **upset**.
- 〈make + 목적어 + 형용사〉는 '~을 …하게 만들다'의 의미이다. 목적보어 자리에 형용사 sad와 upset이 쓰였다.

09행 He thought **it** was a problem **that a letter traveled slowly**.
- it은 가주어이고 that절이 진주어이다. to부정사나 명사절이 주어인 경우 보통 가주어 it을 쓰고 진주어는 문장 맨 끝에 온다.

11행 Then, he started to create a way **to send** messages over long distances.
- to send는 to부정사의 형용사적 용법으로 a way를 수식한다.

14 Fruit Salad Trees

p.050

정답	**1** ②	**2** ③	**3** ⑤	**4** oranges and peaches	**5** Growing Different Fruits on One Tree

지문 해석 과일을 좋아하는가? 과일 샐러드는 어떤가? 하나의 나무에 과일 샐러드를 재배하고 싶지 않은가? 사실, 당신은 할 수 있다!

과일 샐러드 나무는 정말로 있다. 하나의 나무에서 다른 과일들을 재배하는 것은 가능하다. 하지만 비슷한 과일들만이 하나의 나무에서 자랄 수 있다. 예를 들어 하나의 과일 나무는 오렌지, 레몬, 자몽 같은 감귤류 과일들을 맺을 수 있다. 복숭아와 살구 같은 핵과류도 함께 자랄 수 있다. 하지만 같은 나무에서 오렌지와 복숭아를 재배할 수는 없다. 그것들은 같은 과에 속해 있지 않다.

재배자가 한 나무가 다른 과일들을 맺기를 원할 때, 그들은 다른 나무들을 섞는다. 그들은 나무의 일부분을 잘라서 그것을 다른 나무에 붙인다. 예를 들어 재배자는 오렌지 나무에서 가지를 자를 것이다. 그런 다음 그 또는 그녀는 그것을 레몬 나무에 붙일 것이다. 나무는 레몬들을 맺을 것이다. 하지만 오렌지 나무에서 온 부분은 오렌지를 맺을 것이다.

문제 해설 **1** 같은 과의 과일만이 하나의 나무에서 자랄 수 있다고 했으므로(4행) 감귤류 과일에 속한 자몽과 핵과에 속한 살구는 한 나무에서 자랄 수 없다. (레몬, 자몽, 오렌지: 감귤류 과일 / 복숭아, 살구: 핵과)

2 한 나무에 여러 과일을 맺게 하려면 다른 과일 나무의 일부인 가지를 잘라 붙이면 된다. (10~12행)

3 빈칸 다음 문장에는 모두 앞 문장에 대한 구체적인 예시가 나오므로 ⑤ '예를 들어'가 가장 적절하다.
- ① 그런 후에　　② 하지만　　③ 그 결과　　④ 게다가

4 바로 앞 문장에서 다른 과에 속한 과일들인 'oranges and peaches'를 가리킨다.

5 글 전반에 걸쳐 하나의 나무에서 여러 과일들을 재배하는 방법을 설명하고 있으므로 '하나의 나무에서 서로 다른 과일들 재배하기'가 알맞다.

01행 **What about** fruit salad?
· What about~?은 '~은 어떤가?'라는 의미로 How about~?과 같은 뜻이다.

01행 **Wouldn't** you **like to grow** fruit salad on one tree?
· would like to-v는 '~하고 싶다'의 의미이다. 부정의문문으로 쓰였으므로 해석하면 '재배하고 싶지 않은가?'가 된다.

03행 **It** is possible **to grow different fruits on one tree**.
· It은 진주어인 to grow ~ tree를 대신하여 주어 자리에 쓰인 가주어이다. '그것'으로 해석하지 않도록 주의한다.

09행 When growers **want a tree to produce** different fruits, they mix different trees.
· 〈want + 목적어 + to-v〉는 '~가 …하기를 원하다'의 뜻이다.

15 Arrow Birds

p.052

| 정답 | **1** (1) T (2) F | **2** ③ | **3** ⑤ | **4** Twenty-six | *Summary* | stork, Africa, Germany, winter |

지문 해석

1822년까지 과학자들은 일부 새들이 겨울 동안 어디로 가는지 정확히 알지 못했다. 이제 우리는 새들이 겨울 동안 더 따뜻한 곳으로 날아간다는 것을 안다. 과거에는 어떤 사람들은 새들이 바다 밑에서 잠을 잔다고 생각했다. 또 다른 사람들은 새들이 달로 날아간다고 말했다.

1822년에 독일의 한 사냥꾼이 황새를 총으로 쏘았다. 그가 그것을 주웠을 때, 그는 그것의 목에 있는 화살을 보았다. 그 화살은 과학자들의 질문에 대한 답을 주었다. 그것은 아프리카 창이었다! 겨울에 그 황새는 아프리카로 3,000킬로미터를 날아갔다. 이제 그것은 화살이 목에 있는 채로 독일로 다시 날아오고 있었다.

과학자들은 그 황새를 가져와서 보관했다. 그것은 현재 독일의 Rostock 대학교에 있다. 이것은 믿을 수 없고 드문 이야기처럼 들린다. 하지만 첫 번째 '화살 황새'가 발견된 후, 화살이 있는 황새들이 25마리 더 발견되었다!

문제 해설

1 (1) 글 마지막 문장에서 독일 사냥꾼이 잡은 황새를 첫 번째 '화살 황새'로 언급하고 있다.
(2) 첫 번째 화살 황새는 현재 독일의 Rostock 대학교에 있다. (10~11행)
(1) 독일 사냥꾼이 첫 번째 화살 황새를 총으로 쐈다.
(2) 첫 번째 화살 황새는 현재 아프리카의 한 박물관에 있다.

2 ⓐ, ⓑ, ⓓ, ⓔ는 모두 a stork(황새)를 가리키지만 ⓒ는 앞 문장의 The arrow(화살)를 가리킨다.

3 황새 목에 있던 화살이 과학자들의 질문에 대한 답을 주었다고 했으므로(6~7행) ⑤가 가장 알맞다.

4 첫 번째 화살 황새가 잡힌 후 25마리가 더 발견되었다고 했으므로 총 26마리이다. (11~13행)
Q: 얼마나 많은 화살 황새가 발견되었는가?
A: 26마리의 화살 황새가 발견되었다.

| *Summary* |

| 황새 | 겨울 | 아프리카 | 독일 |

1822년에 독일의 한 사냥꾼이 화살이 목에 있는 황새를 발견했다. 그 화살은 아프리카 창이었다. 과학자들은 그 새가 겨울에 아프리카로 날아갔다가 독일로 다시 날아왔음을 알게 되었다. 그 새는 일부 새들이 겨울 동안 어디로 가는지에 대한 답을 주었다.

01행 Until 1822, scientists did not know exactly **where some birds went for the winter**.

· where ~ winter는 동사 know의 목적어로 쓰인 명사절이다. 간접의문문으로 〈의문사 + 주어 + 동사〉의 어순임에 주의한다.

05행 When he **picked it up**, he saw an arrow in its neck.

· pick up(줍다, 집다)은 목적어로 대명사가 오면 〈pick + 대명사 + up〉의 어순이 된다. *cf.* pick up it (X)

08행 Now it was flying back to Germany **with the arrow in its neck**.

· 〈with + 목적어 + 분사/형용사(구)/부사(구)/전치사구〉는 부대상황을 나타내어 '~가 …인 채로'의 의미이다. with the arrow in its neck은 '화살이 목에 있는 채로'의 의미이다.

16 The Snake Man

p.054

정답	**1** ④ **2** ③ **3** develop antibodies to the snake's poison **4** 그것은 너무 적어서 그를 아프게 만들 수 없었다(그것은 그를 아프게 만들기에는 너무 적었다).

지문 해석

Bill Haast는 '뱀 사나이'로 불렸다. 그는 1910년에 태어났다. 그는 아주 어렸을 때 뱀에 관심을 가졌다. 그가 열두 살이었을 때 독사 한 마리가 그를 처음 물었다. 그는 일생 동안 약 170번을 뱀에게 물렸다.

Haast는 많이 물렸다. 곧 그는 주사 바늘로 뱀의 독을 그의 몸에 주입하기 시작했다. 그는 뱀 독에 대한 항체를 형성하기 위해 이렇게 했다. 그는 아주 소량의 독을 그의 몸에 주입했다. 매번 그 양은 너무 적어서 그를 아프게 만들 수 없었다. 그것은 그의 몸이 항체를 만들기에 딱 충분한 양이었다.

이렇게 해서, 뱀이 그를 물어도 그는 아프거나 죽지 않았다. 그의 피에는 많은 항체가 있었다. 그래서 그는 다른 사람들을 돕기 위해 헌혈을 했다. 위험한 뱀이 사람들을 문다면 Haast의 피가 그들을 치료할 수가 있었다.

뱀 독이 그를 더 건강하게 만든 것인지는 아무도 모른다. Haast는 2011년까지 살았다. 그가 사망했을 때 그는 100세였다!

문제 해설

1 ① 언제 태어났는가? (1행)

② 언제 처음 뱀에 물렸는가? (2~3행)

③ 뱀에 얼마나 여러 번 물렸는가? (3~4행)

④ 얼마나 많은 사람들을 치료했는가? (언급되지 않음)

⑤ 그는 사망할 때 몇 세였는가? (14행)

2 항체가 형성된 자신의 피를 헌혈해서 다른 사람들을 도왔다고 했으므로 ③ '자신의 피'가 가장 적절하다. (11~12행)

그는 다른 사람들에게 자신의 피를 줌으로써 그들을 도왔다.

① 그의 시간   ② 약   ④ 그의 돈   ⑤ 음식과 옷

3 자신의 몸에 뱀의 독을 주입하기 시작한 것은 뱀 독에 대한 항체를 개발하기 위함이라고 했다. (6~7행)

Q: 그는 자신의 몸에 왜 뱀의 독을 주입했는가?

A: 그는 뱀 독에 대한 항체를 형성하기 위해 그렇게 했다.

4 〈too + 형용사/부사 + to부정사〉는 '너무 ~해서 …할 수 없는', '…하기에는 너무 ~한'의 의미이다.

구문 해설

01행 He **got interested in** snakes when he was very young.

· get interested in은 '~에 관심[흥미]을 갖다'의 의미이다. *cf.* be interested in: ~에 관심[흥미]가 있다.

09행 It was just enough **for his body to make** antibodies.

· 〈for + 명사(목적격) + to-v〉는 '~가 …하기에'라는 의미이다.

13행 Nobody knows **if** snake venoms ***made him healthier***.

• if ~ healthier는 knows의 목적어 역할을 하는 명사절이다. if가 명사절을 이끌 때는 '~인지'라고 해석한다.

• 〈make + 목적어 + 형용사〉는 '~을 …하게 만들다'의 뜻이다. make him healthier는 '그를 더 건강하게 만들다'
이다.

focus On Sentences

p.056

A **1** 그는 그림 작업하는 것을 멈추고 코네티컷 주의 뉴 헤이븐의 집에 갔다.

  2 하나의 나무에서 다른 과일들을 재배하는 것은 가능하다.

  3 그것은 화살이 목에 있는 채로 독일로 다시 날아오고 있었다.

  4 매번 그것은 너무 적어서 그를 아프게 만들 수 없었다.

B **1** This <u>made him very sad and upset</u>.

  2 When growers <u>want a tree to produce different fruits</u>, they mix different trees.

  3 Scientists did not know exactly <u>where some birds went for the winter</u>.

C **1** In 1825, Samuel Morse was <u>working as</u> an artist.

  2 When he <u>picked it up</u>, he saw an arrow in its neck.

  3 He <u>got interested in</u> snakes when he was very young.

Words & Phrases

p.059

A

1 오염, 공해	**2** 악마	**3** steal	**4** 재료	**5** medicine	**6** area
7 어느 쪽이든	**8** 먼지, 때	**9** remove	**10** soul	**11** 반대	**12** fine
13 체포하다	**14** recently	**15** cell	**16** 먼지	**17** 그림	
18 재채기하다; 재채기		**19** 신호, 징후	**20** 질병	**21** 아픈	**22** wish
23 세탁 솔, 수세미		**24** law	**25** 반대의	**26** patient	**27** 맞다, 적합하다
28 관절	**29** bone	**30** 손상된	**31** heart	**32** work	**33** 담배
34 스크래퍼(긁는 도구)		**35** 널리, 폭넓게	**36** 물건, 물체	**37** 쓰레기	**38** ~에서 달아나다
39 처리하다	**40** ~ 대신에				

B

1 break down **2** in order to **3** make a mess **4** get into trouble **5** Replace, with

17 Reverse Graffiti

p.060

정답 **1** ② **2** ③ **3** ⑤ **4** removing dirt **5** 그가 도시를 어지럽힌다고 생각하기 때문에

지문 해석 오염과 먼지는 벽과 건물들을 어둡고 더럽게 만든다. 영국의 화가인 Paul Curtis는 때를 아름답게 만드는 방법을 발견했다. 그는 그것을 '리버스 그래피티(reverse graffiti)'라고 부른다. 리버스 그래피티는 때를 제거함으로써 만들어진 그림이다. Curtis는 스크래퍼와 세탁 솔들을 가지고 지저분한 벽에 그림을 그린다. 그는 청소하면서 동시에 <u>예술을 창조한다.</u>

　Curtis는 그가 십대였을 때 리버스 그래피티를 처음 하기 시작했다. 그는 식당에서 일했다. 벽은 때와 담배 연기로 얼룩져 있었다. (C) 그는 때를 제거함으로써 벽에 그림을 그릴 수 있겠다고 생각했다. (B) 곧 그는 다른 장소들에서도 그것을 하기 시작했다. (A) 그의 작품들 중 하나는 샌프란시스코에 있는 브로드웨이 터널에 있다.

　때때로 Curtis는 경찰과 분란을 일으킨다. 어떤 사람들은 그가 도시를 어지럽히고 있다고 말한다. 하지만 Curtis는 "나는 낙서를 그리고 있는 것이 아니라, 지저분한 벽을 청소하고 있을 뿐이다"라고 말한다. 그는 때를 깨끗이 닦는 것이 나쁠 리가 없다고 믿는다. 당신은 어떻게 생각하는가?

문제 해설 **1** 리버스 그래피티는 때를 벗겨내고 그린 그림이므로 청소와 동시에 하는 것은 ② '예술을 한다'가 되어야 자연스럽다.
　① 사람들을 돕는다 　③ 재미있게 논다
　④ 돈을 번다 　⑤ 쓰레기를 줍는다

2 영국의 화가라는 것 외에 그가 청소부라는 언급은 없다.

3 (C)의 the dirt는 7행의 dirt를 가리키며, (A)에서 언급된 브로드웨이 터널은 (B)의 other places의 예에 해당하므로 (C)-(B)-(A)의 순서가 가장 자연스럽다.

4 리버스 그래피티는 때를 제거함으로써 벽에 이미지를 만드는 방법이다.

5 몇몇 사람들은 Curtis가 도시를 어지럽힌다고 생각한다고 했다. (11~12행)

Pollution and dust **make walls and buildings dark and dirty**.
  • 〈make + 목적어 + 형용사〉는 '~을 …하게 만들다'라는 뜻이다.

01행 The British artist Paul Curtis discovered a way **to _make_** dirt _beautiful_.
  • to make는 to부정사의 형용사적 용법으로 a way를 수식한다.
  • 〈make + 목적어 + 형용사〉는 '~을 …하게 만들다'의 의미이다.

02행 He calls it "reverse graffiti."
  • 〈call + A(목적어) + B(목적보어)〉는 'A를 B라고 부르다'의 의미이다.

03행 Reverse graffiti is images **created** by _removing_ dirt.
  • created는 과거분사로서 앞의 images를 수식하는 형용사 역할을 한다. 해석은 '만들어진'이 된다.
  • 〈by -ing〉는 '~함으로써'라는 뜻이다.

07행 The walls **were stained with** dirt and cigarette smoke.
  • be stained with는 '~로 얼룩지다'라는 의미이다. _cf._ stain: 얼룩지게 하다

18 Bless You!

p.062

정답	**1** ③	**2** ③	**3** (1) F (2) T	**4** wish the sneezer good health	**5** steal

지문 해석

어떤 나라들에서는 사람들이 누군가 재채기를 하면 "Bless you(축복이 있기를)"이라고 말한다. 재채기를 한 뒤 사람을 축복하는 것은 이상해 보인다. 누군가 재채기를 했을 때 그들은 왜 이렇게 말할까?

오래 전에 어떤 사람들은 재채기가 영혼을 몸에서 달아나게 한다고 믿었다. 그러면 그들은 악마가 그 영혼을 훔칠 것이라고 믿었다. 다른 사람들은 그 반대로 믿었다. 그들은 재채기가 악마를 몸에 들어가게 해준다고 생각했다. 어느 쪽이든, 그들은 재채기한 사람을 악마로부터 보호하기 위해 "Bless you"라고 말했다.

또 다른 이야기는 14세기의 흑사병과 관계가 있다. 그 시기에는 재채기를 하는 것이 그 병의 첫 번째 징후였다. 누군가가 재채기를 했을 때 사람들은 그 사람이 그 병을 앓고 있으며 죽을 것이라고 생각했다. 그래서 그들은 재채기한 사람에게 건강을 빌어주기 위해 "Bless you"라고 말하곤 했다. 신의 축복은 그들의 유일한 희망이었던 것이다.

문제 해설

1 재채기를 한 사람에게 "Bless you"라고 말하는 것에 대한 유래들을 설명하는 글이다.
  ① 사람들은 왜 재채기를 하는가
  ② 흑사병의 징후들
  ③ "Bless you"라고 말하는 것의 유래
  ④ 널리 퍼진 미신들의 유래들
  ⑤ 전세계에서 "Bless you"라고 말하는 방법들

2 ①, ②는 재채기를 할 때 영혼이 몸에서 빠져나간다는 내용이고, ③은 악마가 몸에 들어간다는 내용이다. 따라서 주어진 문장은 앞 내용과 반대의 내용을 설명하기 시작하는 ③에 오는 것이 적절하다.

3 (1) "Bless you"는 누군가 재채기를 하면 주변 사람들이 하는 말이다. (1행)
  (2) 두 번째 단락에서 소개하는 유래에 해당하므로 맞는 진술이다.

4 당시에는 재채기한 사람이 흑사병을 앓고 있고 죽을 거라고 생각 했기 때문에 건강을 기원하는 의미에서 "Bless you" 라고 말했다. (10~13행)
  Q: 흑사병이 있던 시기에 누군가 재채기를 하면 사람들은 왜 "Bless you"라고 말했는가?
  A: 그들은 재채기한 사람에게 건강을 빌어주기 위해 그 말을 했다.

5 '다른 사람에게 속한 것을 가져가다'라는 의미를 가진 단어는 steal(훔치다)이다. (6행)

[문제] 다음 주어진 뜻을 가진 단어를 글에서 찾아 쓰시오.

구문 해설

01행 **It** *seems strange* **to bless a person after a sneeze.**
- It은 가주어, to bless ~ sneeze가 진주어이다.
- 〈seem + 형용사〉는 '~하게 보이다'라는 의미이다. seem 뒤에 strangely라고 쓰지 않도록 주의한다.

03행 A long time ago, some people believed that a sneeze **caused the soul to *escape*** *from* the body.
- 〈cause + 목적어 + to-v〉는 '~가 …하게 만들다(야기하다)'라는 뜻이다.
- escape from는 '~로부터 달아나다'라는 의미이다.

06행 They thought a sneeze **let the Devil enter** the body.
- 〈let + 목적어 + 동사원형〉은 '~가 …하도록 (허락)하다'의 의미이다. let은 사역동사로 목적보어 자리에 동사원형이 온다. *cf.* let the devil to enter/entering (X)

07행 **Either way**, they said, "Bless you", to *protect* the sneezer *from* the Devil.
- either way는 '(둘 중에서) 어느 쪽이든'의 의미이다.
- 〈protect A from B〉는 'A를 B로부터 보호하다'의 의미이다.

12행 So they **would** say, "Bless you," to *wish the sneezer good health*.
- would는 과거의 습관이나 반복적인 일을 나타내어 '~하곤 했다'의 의미로 쓰인다.
- 〈wish + 간접목적어 + 직접목적어〉는 '~에게 …을 빌어주다'의 의미이다.

19 Printing Body Parts

p.064

정답 **1** ④ **2** ④ **3** ③ **4** living cells **5** fit

지문 해석 3D 인쇄기는 아주 흔해지고 있다. 처음에 그것은 플라스틱 물건들을 인쇄할 수 있었다. 이제 그것은 옷에서 음식까지 거의 어떤 재료들이든지 인쇄할 수 있다.

3D 인쇄기는 의학에서도 널리 사용된다. 의사와 과학자들은 새로운 신체 부위들을 만들기 위해 3D 인쇄를 사용하고 있다. 때때로 사람들은 사고에서 그들의 뼈와 관절들을 다친다. 의사들은 완벽히 작동하는 새로운 뼈와 관절들을 인쇄할 수 있다. 게다가 3D 인쇄기는 의수나 의족을 만들어낼 수 있다. 이런 팔과 다리는 환자들의 몸에 완벽하게 맞는다. 3D 인쇄 이전에는 이런 부위들이 잘 맞지 않았다.

최근에 3D 인쇄기는 인체 조직들과 장기들까지 만들어낼 수 있다. 이것은 '바이오 인쇄'라고 불린다. 바이오 인쇄기는 다른 재료들 대신에 살아 있는 세포들을 사용한다. 과거에 의사들은 손상된 장기들을 다른 사람의 건강한 것들로 대체했다. 이제 과학자들은 우리가 다른 사람들의 것들을 사용하는 대신 심장과 다른 장기들을 인쇄할 것이라고 희망한다.

문제 해설 **1** 3D 인쇄기를 의학 분야에서 어떻게 이용하고 있는지 설명하는 글이므로 ⑤ '의학에서 3D 인쇄의 사용'이 가장 적절하다.
① 3D 인쇄가 사용되는 곳
② 3D 인쇄에 사용되는 재료들
③ 3D 인쇄기의 다른 종류들
⑤ 3D 인쇄의 찬반 양론

2 빈칸 앞은 3D 인쇄기가 뼈와 관절을, 빈칸 뒤는 팔과 다리를 인쇄한다는 내용이므로 빈칸에는 추가적인 내용이 올 것임을 보여주는 ④ '게다가'가 가장 적절하다.

① 대신   ② 그러나   ③ 결과적으로   ⑤ 다시 말해서

3 ①, ②의 옷과 음식은 2행에, ④의 관절은 5행에, ⑤의 장기는 10행에 언급되어 있지만, ③의 건축은 언급된 바 없다.

4 바이오 인쇄기는 다른 재료들 대신에 살아 있는 세포들을 사용한다고 했다. (11~12행)

Q: 바이오 인쇄기는 어떤 재료들을 사용하는가?

A: 그것은 살아있는 세포들을 사용한다.

5 밑줄 친 match는 '어울리다, 맞다'의 뜻으로 쓰였으며, 8행의 fit(맞다, 적합하다) 역시 이와 같은 뜻이다.

구문 해설   03행   Doctors and scientists are using 3D printing **to make** new body parts.

• to make는 to부정사의 부사적 용법으로 목적을 나타내며 '만들기 위해'의 의미이다.

05행   Doctors can print new **ones** [*that* will work perfectly].

• one, ones는 선행하는 가산 명사를 대신하며, 여기서는 앞 문장의 bones and joints를 가리킨다.

• [ ]은 new ones를 수식하는 주격 관계대명사절이다. 해석하면 '완벽히 작동하는 새로운 것들'의 의미이다.

12행   In the past, doctors **replaced** damaged organs **with** healthy *ones* from other people.

• ⟨replace A with B⟩는 'A를 B로 대체하다'의 의미이다.

• ones는 organs를 대신하여 쓰였다.

20   No Plastic Bags Allowed

정답	**1** ⑤ **2** ⑤ **3** ④ **4** fine **5** 빨리 분해되지 않고 많은 식물들과 동물들을 죽인다.

지문 해석   쓰레기는 많은 아프리카 국가들과 같은 개발 도상국들에서 큰 문제이다. 이런 나라들은 성장 중이며 많은 제품들을 사용하고 있다. 하지만 사람들은 그들의 쓰레기를 처리할 쉬운 방법을 갖고 있지 않다. 많은 지역들이 쓰레기 처리장만큼 지저분하다.

그 문제를 해결하기 위해 2008년 르완다는 비닐봉지를 불법화했다. 비닐봉지는 빨리 분해되지 않기 때문에 큰 문제이다. 그것들은 많은 식물들과 동물들을 죽인다. 르완다에서는 만약 당신이 비닐봉지를 사용한다면 100달러에서 150달러의 벌금을 내야만 한다. 그렇게 하지 않는다면 당신은 체포될 것이다. 돈이 없는 사람들은 며칠 동안 감옥에 보내진다.

공항 세관원들은 심지어 르완다의 공항에 관광객들이 도착하면 그들로부터 비닐봉지를 압수하기도 한다. 비닐봉지를 사용할 수 없다는 것이 이상하게 들릴지도 모른다. 하지만 그 새로운 법 덕분에 르완다는 이제 아프리카에서 가장 깨끗한 나라들 중 하나이다.

문제 해설   **1** 쓰레기 문제를 해결하기 위해 비닐봉지를 금지한 르완다의 법에 대한 내용이므로 ⑤ '르완다에서 비닐봉지를 금지하는 법'이 가장 알맞다.

① 르완다의 엄격한 법들

② 비닐봉지를 재활용하는 법

③ 환경을 보호하기 위한 노력들

④ 개발 도상국들의 쓰레기 문제

2 관광객들이 비닐봉지를 가지고 오면 공항 세관원들이 압수한다는 설명이 나오므로 ⑤는 맞지 않다. (10~11행)

3 쓰레기 문제를 잘 해결한 결과로 가장 적절한 것은 ④ '가장 깨끗한'이다.

① 가장 안전한   ② 가장 부유한   ③ 가장 큰   ⑤ 가장 빠르게 발전하는

4 '법을 위반해서 지불해야 하는 돈'을 의미하는 단어는 fine(벌금)이다. (8행)

[문제] 다음 주어진 뜻을 가진 단어를 글에서 찾아 쓰시오.

5 비닐봉지는 빨리 분해되지 않고 식물들과 동물들을 죽이기 때문에 큰 문제가 된다고 언급되어 있다. (6~7행)

구문 해설

03행 However, people do not have an easy way **to deal with** their trash.
- to deal with는 to부정사의 형용사적 용법으로 way를 수식하고 있다.
- deal with는 '~을 처리하다'라는 뜻이다.

03행 Many areas are **as dirty as** a garbage dump.
- 〈as + 형용사/부사 원급 + as〉는 동등 비교로서 '~만큼 …한/하게'의 의미이다. as ~ dump는 '쓰레기 처리장만큼 지저분한'의 의미가 된다.

05행 **In order to solve** the problem, in 2008 Rwanda *made plastic bags illegal*.
- 〈in order to-v〉는 '~하기 위해'의 의미로, In order를 생략하고 To solve로도 쓸 수 있다.
- 〈make + 목적어 + 형용사〉는 '~을 …하게 만들다'의 의미이다.

08행 **If** you **don't**, you *will be arrested*.
- 때, 조건을 나타내는 부사절에서는 미래 시제를 쓰지 않고 대신 현재 시제를 쓴다. cf. **If** you **won't** (X)
- be arrested는 수동태(be + p.p.)로 '체포되다'의 뜻이며, will be arrested는 '체포될 것이다'의 의미이다.

11행 **It** may sound strange **that you cannot use plastic bags**.
- It은 가주어이고 that절이 진주어이다. 주어가 to부정사구나 명사절일 때 뒤로 보내고 주어 자리에 가주어 it을 쓸 수 있다.

focus On Sentences

p.068

Ⓐ **1** 리버스 그래피티는 때를 제거함으로써 만들어진 그림이다.

2 그들은 재채기가 악마를 몸에 들어가게 해준다고 생각했다.

3 3D 인쇄기는 의학에서도 널리 사용된다.

4 많은 지역들이 쓰레기 처리장만큼 지저분하다.

Ⓑ **1** Paul Curtis discovered a way to make dirt beautiful.

2 They said "Bless you" to protect the sneezer from the Devil.

3 In order to solve the problem, in 2008 Rwanda made plastic bags illegal.

Ⓒ **1** Sometimes Curtis gets into trouble with the police.

2 Some people believed that a sneeze caused the soul to escape from the body.

3 Plastic bags are a huge problem because they do not break down quickly.

Words & Phrases

A									
1 thirsty	**2** nurse	**3** 가라앉지 않는			**4** 이상적인	**5** hide
6 냉장고	**7** 잠겨있지 않은		**8** 포함하다, ~이 들어있다		**9** 망치다
10 dry	**11** hole	**12** 수분, 습기	**13** ground	**14** 더 적은	**15** salty
16 굶주리다, 굶어 죽다		**17** frozen	**18** 운 좋게	**19** survive	**20** safely
21 가라앉다	**22** 비극	**23** 재난	**24** 영향을 미치다		**25** 온도
26 tourist	**27** closely	**28** 돌고래	**29** 여승무원	**30** 빙산	**31** 해군
32 수중의	**33** seawater	**34** 포유동물	**35** 보관[저장]하다		**36** spoil
37 degree	**38** 해양의	**39** view	**40** 싹이 나다		

B	
1 lost his life **2** Either, or **3** die of **4** is famous for **5** far away

21 Miss Unsinkable

> **정답** **1** (1) T (2) T **2** (1) c (2) a (3) b **3** ② **4** the *Titanic*, the *Britannic*
> **5** 세 번의 선박 사고에서 모두 살아남았기 때문에

지문 해석 Violet Jessop(바이올렛 제솝)은 지금까지 살았던 가장 운이 좋거나 가장 운이 나빴던 여성이었다. 그녀는 배에서 승무원과 간호사로 일했다. 1910년에 그녀는 올림픽 호라고 불리는 큰 배에서 일을 하기 시작했다. 하지만 1911년에 그 배는 다른 배와 부딪쳤다. 다행히 아무도 죽지 않았다.

다음 해에 Jessop은 타이타닉 호에서 일했다. 그것은 큰 호화 선박이었다. 모두가 그것이 매우 안전하다고 생각했다. 하지만 1912년 4월에 그것은 대서양에서 빙산과 부딪쳐서 가라앉았다. 1500명 이상의 사람들이 목숨을 잃었다.

Jessop은 그 비극에서 살아남아 1916년에 브리타닉 호에서 일을 했다. 그것은 1차 세계 대전 중 영국 해군을 위한 병원선이었다. 1916년 11월에 그 배는 수중 기뢰에 부딪쳐서 55분 후에 가라앉았다. 30명이 사망했다. 다행히도 Jessop은 다시 살아남았다.

흥미롭게도 세 척의 배는 같은 회사에 의해 건조되었다. 그 회사는 두 척의 배가 가라앉았기 때문에 매우 운이 나빴다. 하지만 Jessop은 세 번의 재난 모두에서 살아남았으므로 그녀는 '가라앉지 않는 이(Miss Unsinkable)'라고 불렸다.

문제 해설 **1** (1) 배에서 승무원과 간호사로서 일했다는 설명이 나온다. (1~2행)
(2) 올림픽 호는 다른 배와 부딪치는 사고를, 타이타닉 호와 브리타닉 호는 가라앉는 사고를 당했다.

2 (1) 올림픽 호는 다른 배와 부딪쳤지만 사망자가 발생하지 않았다. (3~4행)
(2) 타이타닉 호는 빙산과 부딪쳐서 가라앉았다. (6~7행)
(3) 브리타닉 호는 1차 세계 대전 동안 병원선이었다 (10행)

3 Jessop이 다시 살아남았다는 빈칸 뒤의 내용은 30명이 사망했다는 빈칸 앞의 내용에 비해 다행한 일이므로 ② '다행히도'가 가장 적절하다.
① 그래서   ③ 게다가   ④ 예를 들어   ⑤ 다시 말해서

4 가라앉은 두 척의 배는 타이타닉 호와 브리타닉 호가 해당한다. (6~7행, 10~11행)

5 마지막 문장에서 Jessop이 세 번의 (선박) 재난에서 모두 살아남아 'Miss Unsinkable'이라고 불렸다는 설명이 나온다.

구문 해설

01행 Violet Jessop was **either** the luckiest **or** unluckiest woman *to ever live*.
- 〈either A or B〉는 'A이거나 B인'의 뜻이다.
- ever는 비교급이나 최상급 뒤에서 그 말을 강조하여 '지금까지, 이제까지'의 의미를 갖는다. to ever live는 '지금까지 살았던'이라는 의미이다.

02행 In 1910, she started working on a large ship **called** the *Olympic*.
- called는 a large ship을 수식하는 과거분사로 '~라고 불리는'의 의미이다.
- 선박 이름은 앞에 the를 붙이며 대개 이탤릭체로 표기한다. (the *Olympic*: 올림픽 호)

09행 Jessop **survived** the tragedy and worked on the *Britannic* in 1916.
- survive는 타동사로 '~에서 살아남다', 자동사로는 '생존하다'의 의미이다.
  cf. survived from the tragedy (X)

13행 Interestingly, the three ships **were built** by the same company.
- = Interestingly, the same company **built** the three ships. (능동태)

13행 The company had very bad luck **as** two ships sank.
- 접속사 as는 이유를 나타내어 '~ 때문에'라는 의미로 쓰였다.

22 Thirsty Dolphins

p.074

정답 **1** ③ **2** ⑤ **3** ① | *Summary* | mammals, seawater, salty, food

지문 해석 지구 상의 모든 동물들은 생존하기 위해 물이 필요하다. 육지 동물들은 마실 담수를 찾아야 한다. 해양 어류는 바닷물을 마실 수 있다. 바닷물에는 많은 염분이 들어있으므로 물고기는 그것을 마실 때 그 염분을 제거하기 위해 아가미를 사용한다. 하지만 돌고래는 어떤가? 돌고래는 바다에 사는 포유동물이다. 그것들은 아가미가 없으므로 바닷물을 마실 수가 없다. 바닷물은 아주 짜서 포유동물이 그것을 마신다면 매우 아플 것이다. 그러면 그것들은 어떻게 물을 얻을까?

돌고래는 먹이에서 물을 얻는다. 그것들은 주로 물고기와 오징어를 먹는다. 물고기와 오징어는 몸 속에 물을 포함하고 있는데, 그 물은 바닷물보다 염분을 더 적게 갖고 있다. 만약 돌고래가 먹이를 찾을 수 없다면 그것은 굶어 죽기 전에 탈수증으로 죽을 것이다. 탈수증은 동물이 몸 안에 물이 충분히 있지 않을 때 생긴다. 따라서 돌고래가 목이 마르면 그것은 마시지 않는다. 그것은 먹는다!

문제 해설 **1** 포유동물인 돌고래가 바다에서 아가미도 없이 어떻게 물을 섭취하는지를 설명하는 글이므로 ③ '돌고래는 어떻게 물을 얻는가'가 가장 적절하다.
① 돌고래의 식습관　　　　② 돌고래는 어떻게 의사소통을 하는가
④ 바다에서 사는 동물들　　⑤ 돌고래와 물고기는 어떻게 다른가

2 돌고래는 포유동물로 짠 바닷물을 먹을 수 없으므로(4~5행) ⑤ '그것들은 목이 마르면 바닷물을 마신다'는 내용과 일치하지 않는다.
① 그것들은 물고기가 아니다.　　② 그것들은 아가미를 갖고 있지 않다.
③ 그것들은 바다에서 산다.　　　④ 그것들은 바다에서 물고기를 먹는다.

3 돌고래는 먹이로부터 물을 얻는다고 했으므로 목마른 돌고래는 ① '먹는다'가 가장 적절하다. (8행)

② 쉰다   ③ 논다   ④ 수영한다   ⑤ 잔다

| *Summary* |

| 먹이   짠   포유동물   바닷물 |

돌고래는 바다에 사는 <u>포유동물</u>이다. 물고기와 달리 그것들은 아가미가 없으며 <u>바닷물</u>을 마시지 않는다. 그 물은 돌고래들에겐 너무 <u>짜</u>다. 대신, 그것들은 바다에 있는 더 작은 물고기들을 먹는다. 그 물고기들은 몸 속에 물을 포함하고 있다. 그래서 돌고래들은 그것들의 <u>먹이</u>로부터 물을 얻는다.

구문 해설

01행 **Every animal** on the earth **needs** water *to survive*.
- every는 '모든'의 뜻이지만 항상 단수명사와 단수동사와 함께 쓰인다.
- to survive는 to부정사의 부사적 용법으로 '생존하기 위해'란 뜻이다.

01행 Land animals must find fresh water **to drink**.
- to drink는 fresh water를 수식하는 형용사적 용법의 to부정사로 '마실'이라는 뜻이다.

04행 Dolphins are **mammals** [**that** live in the sea]
- [ ]은 mammals를 수식하는 주격 관계대명사절이다. 해석하면 '바다에 사는 포유동물'이 된다.

09행 Fish and squid contain water in their bodies and it has **less salt than** seawater. So
- 〈비교급 + 명사 + than〉은 '~보다 더 …한 OO'의 의미이다.
- less는 little의 비교급으로 '더 적은'의 의미이다. *cf.* little-less-least

23 Potatoes

| 정답 | **1** ② **2** ②, ③, ⑤ **3** ⑤ **4** cool, dry, dark **5** five to ten degrees Celsius |

지문 해석 과일과 채소는 보관하고 신선하게 유지하기가 어렵다. 감자는 특히 어렵다. 그것들은 쉽게 썩고 색이 변하며 싹이 난다. 그래서 여기 감자를 <u>보관하기</u> 위한 몇 가지 조언들이 있다.

1 온도를 서늘하게 유지하라. 하지만 그것들을 냉장고에 넣지는 말라. 냉장고는 너무 차가워서 감자를 보관할 수가 없다. 이상적인 온도는 섭씨 5도에서 10도이다. 만약 온도가 이것보다 더 차갑다면 감자의 전분이 당분으로 변할 것이다. 이것은 맛을 망친다. 이것은 또한 색에도 영향을 미친다.

2 보관 전에 감자를 씻지 말고 건조하고 어두운 곳에 보관하라. 비닐봉지를 사용해서도 안 된다. 그것은 안에 수분을 갖게 될 것이다. 비닐봉지를 사용하고 싶다면 그것에 구멍을 내야 한다. 수분은 구멍들에서 빠져나갈 수 있다.

3 감자가 초록색으로 변하고 싹이 나기 시작한다면 반드시 그 부분들을 잘라내라. 그것들은 건강에 좋지 않다. 하지만 그 나머지 부분들은 먹을 수가 있으며 맛이 여전히 좋을 것이다.

문제 해설

1 빈칸 뒤에 감자를 신선하게 보관하기 위한 조언들이 이어지고 있으므로 ② '보관하기'가 가장 적절하다.

① 먹기   ③ 요리하기   ④ 재배하기   ⑤ 심기

2 감자를 섭씨 5도 이하에서 보관하면 전분이 당분으로 변해 맛과 색이 변할 수 있다는 설명이 나온다. (10~12행)

3 감자를 비닐봉지에 보관할 경우에는 수분이 빠져나가도록 구멍을 내서 보관해야 한다. (15~16행)

① Ann은 저장 전에 감자를 씻는다.

② Tom은 감자를 냉장고에 보관한다.

③ Paul은 초록색의 싹이 난 감자를 먹는다.

④ Kate는 감자를 검정 비닐봉지에 넣어둔다.

⑤ Jane은 감자를 구멍이 난 비닐봉지에 넣어둔다.

4 감자를 보관할 장소로 1번에서는 서늘한(cool) 곳을, 2번에서는 건조하고(dry) 어두운(dark) 곳을 언급했다.

당신은 감자를 <u>서늘하고</u>, <u>건조하며</u>, <u>어두운</u> 장소에 보관해야 한다.

5 감자를 저장하기에 이상적인 온도는 섭씨 5도에서 10도라고 했다. (9~10행)

Q: 감자가 가장 신선하게 유지되는 온도는 몇 도인가?

A: <u>섭씨 5도에서 10도</u>이다.

구문 해설

01행 Fruits and vegetables are difficult **to store** and **to keep** fresh.
- 〈easy/difficult/hard/dangerous + to-v〉는 '~하기에 쉬운/어려운/힘든/위험한'의 의미이다. 이때의 to부정사는 앞의 형용사를 수식하는 부사적 용법이다.

08행 Refrigerators are **too** cold **to store** potatoes.
- 〈too + 형용사/부사 + to부정사〉는 '너무 ~해서 …할 수 없는'의 의미이다.

14행 You should not use a plastic bag **either**.
- either는 부정문에서 '또한'의 의미이다. 긍정문에서는 too를 사용한다.

17행 If your potatoes begin to **turn green** or sprout, *make sure to cut* away those parts.
- 〈turn + 형용사〉는 '~하게 변하다'의 의미이다.
- 〈make sure + to-v〉는 '반드시 ~하다'의 의미이다.

18행 But you can eat **the other** parts, and they will still *taste good*.
- the other, the others는 전체 중 어떤 부분을 제외한 나머지 전부를 가리킨다.
- 〈taste + 형용사〉는 '~한 맛이 나다'의 의미이다.

24 Polar Bear City

p.078

정답

1 (1) T (2) F **2** ③ **3** ③ **4** someone might need a place to hide from a polar bear
5 not only safely but also very closely

지문 해석

처칠은 캐나다 매니토바 주에 있는 작은 마을이다. 1,000명이 안 되는 사람들이 그곳에 산다. 하지만 처칠은 '세계 북극곰의 수도'인 것으로 유명하다. 약 1,200마리의 북극곰이 있는 것이다!

북극곰은 크고 강하며 위험한 동물이다. 그곳에서 한 마리를 본다면 그것으로부터 멀리 떨어져 있어야 한다. 밤에 마을을 걸어 돌아다니는 것은 안전하지 않다. 처칠에 사는 사람들은 종종 자신들의 차를 잠그지 않은 상태로 둔다. 그 이유는 누군가 북극곰으로부터 숨을 장소가 필요할지도 모르기 때문이다.

북극곰을 보고 싶다면 처칠을 방문해야 한다. 11월은 그것들을 보기에 가장 좋은 때이다. 당신은 이 동물들을 지켜보기 위해 배나 헬리콥터를 탈 수도 있고 도보 관광을 할 수도 있다. 하지만 가장 인기 있는 관광은 '툰드라 버기(사륜차)'를 이용한다. 그것은 큰 타이어가 달린 버스 같으며 얼어붙은 땅 위를 잘 달린다. 거대한 툰드라 버기에서 관광객은 그 동물들을 안전하게 뿐만 아니라 매우 가까이 볼 수 있다.

문제 해설

1 (1) 처칠에 사는 사람들은 1,000명이 안 되고, 북극곰은 약 1,200마리이다. (1~3행)

(2) 북극곰을 보기에 가장 좋은 때는 11월이다. (9행)

(1) 그곳에 사는 사람들보다 북극곰이 더 많이 있다.

(2) 12월은 북극곰을 보기에 가장 좋은 때이다.

2 배나 헬리콥터, 도보 관광을 비롯해 자동차인 '툰드라 버기'에 대한 언급은 있지만(9~11행), 기차에 대한 언급은 없다.

3 툰드라 버기는 얼어붙은 땅 위에서 잘 달린다고 했으므로 ③은 맞지 않는다. (11~13행)

4 두 번째 단락 마지막 부분에, 처칠 주민들이 북극곰을 피해 숨을 장소가 필요할 수도 있는 사람들을 위해 종종 자동차 문을 잠그지 않은 채 둔다는 설명이 나온다.

  Q: 처칠 사람들은 왜 자신들의 차를 잠그지 않은 채로 두는가?

  A: <u>누군가 북극곰으로부터 숨을 장소가 필요할지도 모르기</u> 때문에

5 'A뿐만 아니라 B도'는 〈not only A but also B〉 구문으로 나타낼 수 있다.

구문 해설 01행 **Fewer than** 1,000 people live there.
  • fewer than은 '(수가) ~보다 적은, ~이 안 되는'의 의미이다. *cf.* less than '(양이) ~보다 적은'

05행 At night, **it** is not safe **to walk around in the town**.
  • it은 가주어, to부정사구가 진주어이다. 해석하면 '밤에 마을을 걸어 돌아다니는 것은 안전하지 않다'가 된다.

06행 People in Churchill often **leave their cars unlocked**.
  • 〈leave + 목적어 + 형용사/분사〉는 '~을 …한 상태로 두다'의 의미이다. leave ~ unlocked는 '자신들의 차를 잠 그지 않은 상태로 두다'의 의미이다.

09행 November is the best time **to see** them.
  • to see는 to부정사의 형용사적 용법으로 쓰여 명사구인 the best time을 수식한다.

---

focus On Sentences

(A) **1** Violet Jessop은 지금까지 살았던 가장 운이 좋거나 가장 운이 나쁜 여성이었다.

  2 돌고래는 바다에 사는 포유동물이다.

  3 온도를 서늘하게 유지하라.

  4 관광객들은 그 동물들을 안전하게 뿐만 아니라 매우 가까이 볼 수 있다.

(B) **1** Refrigerators are <u>too cold to store potatoes</u>.

  2 People in Churchill often <u>leave their cars unlocked</u>.

  3 November is <u>the best time to see them</u>.

(C) **1** It will <u>die of</u> dehydration before it starves.

  2 Churchill <u>is</u> <u>famous for</u> being the "Polar Bear Capital of the World."

  3 If you see one there, you must stay <u>far away</u> from it.

ANSWER KEYS | 31

Words & Phrases

A

1 영양소, 영양분	**2** 통합시키다	**3** wire	**4** 무게가 ~이다
5 flour	**6** active	**7** 그늘지게 하다	**8** 처벌하다 **9** 존중[존경]하다
10 재료	**11** light	**12** 농업	**13** traditional **14** 연결하다 **15** shave
16 중독	**17** ancient	**18** 무시하다	**19** army **20** raise **21** field
22 방법	**23** initial	**24** ~와 달리	**25** soldier **26** 감옥 **27** 조리법
28 여전히 ~이다		**29** probably **30** 세기	**31** 풍미, 맛 **32** 맛있는
33 crop	**34** ~로 알려져 있다	**35** 친환경적인 **36** ~에게 해로운	
37 결합하다	**38** 분명히	**39** 전자 기기 **40** feed	

B

1 is filled with   **2** is satisfied with   **3** is named after   **4** are allowed to
5 dates back to

25 Soldiers with Mustaches

정답   **1** ⑤   **2** (1) F (2) F   **3** ④   **4** 콧수염이 있으면 방독면을 쓰기가 더 어려웠기 때문에
5 ⓐ mustaches ⓑ the soldiers

지문 해석   18세기 말부터 많은 영국 군인들은 콧수염을 길렀다. 그들이 그것들을 정말로 좋아하는 것은 아니었다. 그것은 영국식이 아니었다. 하지만 수염은 그들의 직무를 더 수월하게 만들었다.

인도와 아랍 국가들에 있었던 영국 군인들은 강해 보이고 싶었다. 인도와 아랍 남성들은 콧수염과 턱수염이 남성을 강해 보이게 만든다고 생각한다. 그래서 군인들은 콧수염과 턱수염을 길렀다. 그리고 현지인들은 그들을 존중했다.

1860년에 영국 군대는 콧수염에 관한 규정을 만들었다. 그것은 인도나 아랍 국가들에 있는 군인들만을 대상으로 한 규정은 아니었다. 그것은 모든 군인들을 대상으로 한 규정이었다. 그래서 모든 영국 군인들은 콧수염을 길렀다. 만약 콧수염을 기르지 않으면 그들은 처벌 받았다. 그들은 군대 감옥에 갈 수도 있었다.

1916년에 영국 군인들은 마침내 면도하는 것이 허용되었다. 제1차 세계대전 동안 대부분의 군인들은 그 규정을 무시했다. 그들이 이렇게 한 것은 그들이 자주 방독면을 썼기 때문이다. 방독면은 콧수염이 있으면 쓰는 것이 더 어려웠다. 그래서 군인들은 수염을 깎았다.

문제 해설   **1** 영국 군대에서 콧수염과 관련된 규정이 어떻게 변화되어 왔는지를 설명해주는 글이므로 ⑤ '영국 군대에서의 콧수염 규정'이 가장 적절하다.
① 남자는 왜 콧수염을 기르는가
② 영국 군대의 역사
③ 18세기의 군복
④ 인도와 아랍 국가에서의 영국 군인들

2 (1) 직무 편의상 수염을 길렀지만 좋아하지는 않았다고 했다. (2~4행)
(2) 글 전반부에서 1860년 이전에도 인도와 아랍 국가들에 있었던 영국 군인들은 수염을 길렀음을 알 수 있다.
(1) 그들은 자신들의 콧수염을 자랑스러워 했다.
(2) 1860년까지는 아무도 콧수염을 기르지 않았다.

3 주어진 문장은 콧수염을 기르지 않으면 처벌 받았다는 내용이므로 처벌의 구체적인 내용을 언급하는 문장 앞인 ④에 오는 것이 자연스럽다.

4 글 마지막에서 콧수염이 있으면 방독면 쓰기가 더 어려웠다는 내용이 나온다. (17~18행)

5 ⓐ는 문맥상 바로 앞 문장의 mustaches를, ⓑ는 바로 앞 문장의 the soldiers를 가리킨다.

구문 해설

04행 But it **made their job easier**.
- 〈make + 목적어 + 형용사〉는 '~을 …하게 만들다'라는 뜻이다.

06행 Indian and Arab men think mustaches and beards **make a man *look*** strong.
- 〈make + 목적어 + 동사원형〉은 '~을 …하게 만들다'의 의미이다.
- 〈look + 형용사〉는 '~하게 보이다'라는 뜻이다.

15행 In 1916, British soldiers **were** finally **allowed to shave**.
- 〈be allowed to-v〉는 '~하는 것이 허용되다'의 의미이다.

17행 A gas mask is harder **to wear** with a mustache.
- to wear는 형용사 harder를 수식하는 to부정사의 부사적 용법으로서 '~하기에'의 의미이다. harder to wear 는 '쓰기에 더 어려운'의 의미이다.

26 Bluetooth

p.086

정답　**1** ④　**2** ④　**3** unite　**4** H, B

지문 해석　스마트폰이나 컴퓨터, 비디오 게임 시스템을 갖고 있는가? 만약 그렇다면 당신은 아마도 블루투스를 사용해봤을 것이다. 하지만 왜 그것이 '블루투스'라고 불리는지 아는가? 그것은 파란 색도 아니고 치아도 아니다. 그것이 어떻게 그런 이름과 로고를 얻게 됐는지에 관한 이야기가 있다.

한 전설에 따르면 덴마크의 왕인 Harold Blatand는 많은 블루베리를 먹었다고 한다. 그의 이는 파랗게 되었고 그는 '블루투스'로 알려졌다. 그는 덴마크와 노르웨이를 통합했기 때문에 유명하다. 블루투스는 그의 이름을 따서 지어졌는데 왜냐하면 그것이 다양한 유형의 전자 기기들을 무선으로 통합해주기 때문이다.

블루투스 로고 또한 그 왕의 이름의 첫 글자들을 조합한 것이다. 그 당시에 사람들은 고대 문자를 사용했다. 그의 고대 문자 첫 글자는 ✳와 ฿였다. 그것들이 결합됐을 때 블루투스 로고인 ✳가 된다.

따라서 다음에 블루투스 헤드폰을 연결할 때에는 Harold Blatand 왕을 기억하라. 그의 블루베리 중독이 블루투스에게 오늘날 모두가 사용하는 이름을 준 것이었다!

문제 해설　**1** 블루투스의 이름과 로고가 어떻게 생겨났는지 설명하는 글이므로 ④ '블루투스의 유래'가 가장 적절하다.
  ① 무선 기기들
  ② 현대 과학 기술
  ③ 덴마크의 한 왕
  ⑤ Harold Blatand의 별명

2 블루투스의 로고를 만든 것은 현대에 와서 이루어진 일이므로 ④는 내용과 일치하지 않는다.

3 '사람이나 단체, 국가들을 결합하다'의 의미를 가진 단어는 unite(통합시키다)이다. (7, 8행)
　[문제] 다음 주어진 뜻을 가진 단어를 글에서 찾아 쓰시오.

4 Harold Blatand 이름의 첫 글자는 H와 B이고 이것의 고대 문자는 각각 ✳와 ฿라고 했다. (11~12행)

01행 If you do, you **have** probably **used** Bluetooth.
 • have used는 경험을 나타내는 현재완료(have + p.p.)로 '사용해 본 적이 있다'의 의미로 쓰였다.

03행 There is a story about **how it got its name and logo**.
 • how ~ logo는 전치사 about의 목적어로 쓰인 명사절이다.

07행 Bluetooth **is named after** him because it unites various types of electronic devices without wires.
 • be named after는 '~의 이름을 따서 지어지다'의 의미이다.

14행 His blueberry addiction **gave Bluetooth *the name*** [*that* everyone uses today]!
 • 〈give A B〉는 'A에게 B을 주다'의 의미이다.
 • [ ]은 the name을 수식하는 목적격 관계대명사절이다. the name ~ today는 '오늘날 모두가 사용하는 이름'의 뜻이다.

27 Pound Cake

p.088

| 정답 | **1** ④ **2** ④ **3** ③ **4** recipe | **Summary** | name, smaller, ingredients, tastier |

지문 해석 맛있는 파운드 케이크를 먹어본 적이 있는가? 그것은 아마도 무게가 1파운드는 아니었을 것이다. 그렇다면 그 것은 왜 파운드 케이크로 불려지는 것일까?

파운드 케이크는 1700년대까지 거슬러 올라간다. 원래의 파운드 케이크는 정확히 각각 1파운드의 밀가루와 버터, 계란, 설탕이 들어 있었다. 다른 재료는 없었다. 그 시절에는 많은 사람들이 글을 읽을 수 없었다. 그래서 그들이 조리법들을 따라 하는 것은 매우 어려웠다. 하지만 파운드 케이크 조리법은 간단했다. 모든 이가 그것을 쉽게 기억했다. 그들은 아무것도 읽을 필요가 없었다.

물론 그 조리법은 거대한 케이크를 만들었다! 그것은 분명히 한 가족 이상을 먹일 수가 있었다. 나중에, 사람 들은 더 작은 케이크를 만들기 위해 조리법을 바꾸었다. 그들은 맛을 위해 다른 재료들도 첨가했다. 오늘날에는 많은 다른 종류들이 있다. 케이크는 많이 바뀌었지만 이름은 여전히 똑같다. 이제 파운드 케이크는 더 가볍고, 더 작고, 더 맛있다! 그래서 그것들은 똑같은 케이크가 아니다.

문제 해설 **1** 1700년대의 원래의 파운드 케이크에는 각각의 재료가 1파운드씩 들어 있었다는 설명이 나온다. (3~4행)

2 원래의 파운드 케이크에는 밀가루와 버터, 계란, 설탕이 들어 있었다. (3~4행)

3 크기와 재료의 변화로 인해 무게, 가격, 맛 등은 바뀔 수 있으나 바뀌지 않은 건 파운드 케이크라는 ③ '이름'이다.
 ① 크기 ② 가격 ④ 맛 ⑤ 무게

4 '특정한 음식을 요리하기 위한 일련의 지시 사항'을 나타내는 단어는 recipe(조리법)이다. (6행)
 [문제] 다음 주어진 뜻을 가진 단어를 글에서 찾아 쓰시오.

| Summary |

| 이름 | 더 맛있는 | 더 작은 | 재료들 |

파운드 케이크는 원래의 파운드 케이크가 각각 1파운드의 밀가루와 버터, 계란, 설탕으로 만들어졌기 때문에 그 이름을 얻었다. 조리법은 너무나 쉬워서 누구나 쉽게 그 케이크를 만들 수 있었다. 나중에 사람들이 그것들 을 더 작게 만들고 다른 재료들을 첨가했다. 오늘날의 파운드 케이크는 예전보다 더 작을 뿐만 아니라 더 맛있 다.

Pound cakes **date back to** the 1700s.
- date back to는 '~까지 거슬러 올라가다'의 의미이다.

06행 So **it** was very hard *for them **to follow*** recipes.
- it은 가주어, to부정사구가 진주어이다.
- 〈for + 명사(목적격) + to-v〉는 '~가 …하기에,' '~가 …하는 것은'의 뜻이며, 여기서 〈for + 명사(목적격)〉은 to부정사의 의미상의 주어를 나타낸다.

07행 They **didn't need to read** anything.
- 〈don't need to-v〉는 '~할 필요가 없다'라는 뜻으로 〈don't have to-v〉와 같은 의미이다.

12행 The cake has changed a lot, but the name has **remained the same**.
- 동사 remain은 뒤에 형용사나 명사 보어를 취하여 '여전히 ~이다'의 뜻이다. remain the same은 '여전히 똑같다'의 의미이다.

14행 Now, pound cakes are lighter, smaller, and tastier **(than before)**!
- 문맥상 비교의 대상은 과거의 파운드 케이크이므로 문장 끝에 than before 또는 than they used to be가 생략된 것으로 볼 수 있다.

28 Rice-Fish Culture

p.090

정답 **1** (1) F (2) T **2** ④ **3** ④ **4** nutrient **5** ⓐ fish ⓑ Farmers

지문 해석 많은 나라들에서 쌀은 중요한 농작물이다. 다른 농작물들과 달리, 쌀은 물로 가득 찬 논에서 재배된다. 어떤 농부들은 같은 논에서 물고기를 기른다. 이런 종류의 농업은 '벼논양어 농법'이라고 불린다.

이 방법은 벼와 물고기 모두에게 좋다. 물고기에서 배출된 똥은 벼에 영양분을 준다. 이것은 벼가 크고 건강한 식물로 자라도록 돕는다. 물고기는 또한 벼에 해로운 곤충들을 먹는다. 대신 벼는 물을 그늘지게 해서 시원하게 해준다. 그래서 물고기는 더운 날씨에도 활동적이고 건강하게 지낼 수 있다.

농부들도 벼논양어 농법에 만족해한다. 그들은 비료와 살충제에 드는 돈을 절약할 수 있다. 비료는 벼에 영양분을 주기 위해 사용되며, 살충제는 해충을 죽이기 위해 사용된다. 그것들은 농부들이 사기에 매우 비싸다. 게다가 농부들은 물고기와 쌀 모두를 판매함으로써 더 많은 돈을 벌 수 있다. 벼논양어 농법은 전통적인 농업 방식이다. 하지만 그것은 또한 매우 친환경적인 방법이기도 하다.

문제 해설 **1** (1) 벼논양어 농법은 전통적인 농업 방식이다. (13~14행)
(2) 벼논양어 농법으로 농부들은 물고기와 쌀 모두를 팔아 더 많은 돈을 벌 수 있다고 했다. (12~13행)
(1) 그것은 현대적인 농법이다.
(2) 농부들은 쌀과 물고기를 모두 판다.

2 빈칸 앞에는 경비 절약이라는 벼논양어 농법의 장점이, 빈칸 뒤에는 또 다른 장점인 추가 소득에 대한 내용이 나오므로 ④ '게다가'가 가장 적절하다.
① 결국 ② 대신에 ③ 그러나 ⑤ 예를 들어

3 재배 비용도 절감하면서 추가 소득도 발생하므로 ④ '일석이조'가 가장 적절하다.
① 서두르면 일을 그르친다.
② 뿌린 대로 거둔다.
③ 시장이 반찬
⑤ 사공이 많으면 배가 산으로 간다.

4 '식물이나 동물이 살아가고 자라기 위해 필요한 물질'의 의미를 가진 단어는 nutrient(영양분)이다. (5행)

[문제] 다음 주어진 뜻을 가진 단어를 글에서 찾아 쓰시오.

5 ⓐ는 문맥상 the fish를 가리키며, ⓑ는 앞문장의 Farmers를 가리킨다.

구문 해설

04행 This method is good for **both** the rice plants **and** the fish.
· 〈both A and B〉는 'A와 B 모두'의 뜻이다.

05행 This **helps them (to) grow** into big healthy plants.
· 〈help + 목적어 + (to)동사원형〉은 '~가 …하도록 돕다'라는 뜻이다.

07행 In return, the rice plants shade the water and **keep it cool**.
· 〈keep + 목적어 + 형용사〉는 '~을 …하게 유지하다'라는 뜻이다.

09행 Farmers **are** also **satisfied with** rice-fish culture.
· be satisfied with는 '~에 만족하다'의 의미이다. satisfy는 '만족시키다'라는 의미의 타동사로 satisfied는 '(~에) 만족한', satisfying은 '만족시키는'의 의미이다.

10행 Fertilizer **is used to give** plants nutrients, and pesticide **is used to kill** harmful insects.
· 〈be used + to-v〉는 '~하기 위해 사용된다'라는 의미이다.

11행 They are very expensive **for farmers to buy**.
· 〈for + 명사(목적격) + to-v〉는 '~가 …하기에', '~가 …하는 것은'의 의미이다. for farmers to buy는 '농부들이 사기에'라는 의미이다.

focus On Sentences

Ⓐ **1** 1916년에 영국 군인들은 마침내 면도하는 것이 허용되었다.
2 파운드 케이크는 1700년대까지 거슬러 올라간다.
3 그들이 조리법들을 따라 하는 것은 매우 어려웠다.
4 이 방법은 벼와 물고기 모두에게 좋다.

Ⓑ **1** His blueberry addiction gave Bluetooth <u>the name that everyone uses</u> today!
2 This <u>helps them grow into</u> big healthy plants.
3 They are <u>very expensive for farmers to buy</u>.

Ⓒ **1** Bluetooth <u>is</u> <u>named</u> <u>after</u> him.
2 Unlike other crops, rice is grown in fields that <u>are</u> <u>filled</u> <u>with</u> water.
3 Farmers <u>are</u> also <u>satisfied</u> <u>with</u> rice-fish culture.

Words & Phrases

A

1 상, 조각상	**2** 증가하다	**3** 기념일	**4** 증명하다	**5** wrong
6 랜드마크, 주요 지형지물		**7** 운동, 움직임	**8** 추천하다	**9** 제공하다	**10** 공식적으로

11 덤불 **12** harbor **13** 횃불 **14** freedom **15** age **16** 지진

17 investor **18** vending machine **19** 오르다 **20** 세계적으로 유명한

21 lighthouse **22** 독립 **23** date **24** discovery **25** 중력 **26** ~의 비용이 들다

27 거리 **28** successful **29** value **30** 떨어지다 **31** marathon

32 참가하다, 출전하다 **33** 성별 **34** 제안하다 **35** free **36** symbol

37 계속하다 **38** 불행하게도 **39** 운; 재산, 거금 **40** 2/3

B **1** find out **2** ahead of **3** take place **4** take part in **5** based on

29 The Statue of Liberty

정답 **1** (1) T (2) F **2** ② **3** ③ **4** landmark | *Summary* | Liberty, gift, lighthouse, freedom

지문 해석 1886년에 프랑스는 미국에게 자유의 여신상을 주었다. 그것은 미국이 영국으로부터의 독립한 100주년 기념일을 축하하는 선물이었다. 그 상은 40만 달러의 비용이 들었다.

그 상은 뉴욕항의 리버티 섬에 있다. 처음에 미국인들은 그것을 등대로 사용했다. 그들은 자유의 여신상 꼭대기에 전등을 놓았다. 그것은 16년 동안 등대였다. 1902년에 그들은 그것을 등대로 사용하는 것을 중단했다. 이제 그것은 상일 뿐이다. 그것은 또한 세계적으로 유명한 랜드마크이기도 하다.

자유의 여신은 한 손에 횃불을 들고 있다. 횃불의 꼭대기까지는 93미터이다. 나머지 한 손에는 서판을 가지고 있다. 서판에는 미국이 독립한 날짜가 적혀있다. 매년 6백만 명 이상의 사람들이 그 상을 방문한다. 그것은 미국과 자유 모두의 상징이다. 그리고 많은 사람들이 자유롭고 싶어서 미국에 왔다.

문제 해설 **1** (1) 미국이 영국으로부터의 독립한 100주년 기념 선물로 프랑스가 준 것이다. (1~3행)

(2) 1902년 이전까지만 등대로 사용되었다. (6~7행)

(1) 그것은 프랑스가 미국에게 주는 선물이었다.

(2) 그것은 밤에는 등대로 사용된다.

2 서판에는 미국이 독립한 날짜가 적혀 있다고 했다. (10~11행)

3 ① 자유의 여신상은 비용이 얼마나 들었는가? (3행)

② 자유의 여신상은 어디에 위치해 있는가? (4행)

③ 자유의 여신상을 만드는 데 얼마나 시간이 걸렸는가? (언급되지 않음)

④ 자유의 여신상은 높이가 얼마나 되는가? (9~10행)

⑤ 자유의 여신은 손에 무엇을 들고 있는가? (9~10행)

4 '당신이 쉽게 보고 인식할 수 있는 유명한 건물이나 물체'의 의미를 가진 단어는 landmark(랜드마크, 주요 지형지물)이다. (8행)

[문제] 다음 주어진 뜻을 가진 단어를 글에서 찾아 쓰시오.

| Summary |

| 선물 | 자유 | 리버티 | 등대 |

자유의 여신상은 뉴욕항의 리버티 섬에 있다. 그것은 미국의 100번째 독립 기념일을 축하하기 위한 프랑스의 선물이었다. 그것은 한때 등대로 사용되었다. 이제 그것은 미국과 자유의 상징이다.

구문 해설

01행 In the 1886, France **gave** the Statue of Liberty **to** the United States.
- 〈give A to B〉는 'A를 B에게 주다'라는 뜻이며 〈give B A〉로 바꿔 쓸 수 있다.

01행 It was a gift **to celebrate** the 100th anniversary of America's independence from England.
- to celebrate는 a gift를 수식하는 형용사적 용법의 부정사로 '축하하는'으로 해석된다.

06행 In 1902, they **stopped using** it *as* a lighthouse.
- 〈stop + -ing〉은 '~하는 것을 멈추다'의 의미이다.
- as는 자격, 기능을 나타내어 '~로서'의 뜻으로 쓰였다.

09행 Lady Liberty holds a torch in **one** hand. … In **the other** hand, she has a tablet.
- 〈one ~ the other …〉는 '(둘 중) 하나는 ~, 다른 하나는 …'의 뜻이다.

30 Bobbi Gibb

p.098

정답

1 ⑤   **2** (1) T (2) F   **3** ③

4 people thought that women could not run such a long distance   **5** enter

지문 해석   보스턴 마라톤 대회는 세계에서 가장 큰 마라톤 대회들 중 하나이다. 그것은 4월 셋째 주 월요일에 개최된다. 매년 3만 명 이상의 남성들과 여성들이 그 대회에 참가한다. 하지만 50여 년 전에 여성은 그것에 참가할 수 없었다. 사람들은 여성이 그렇게 긴 거리를 달릴 수 없다고 생각했다.

Bobbi Gibb은 그들이 틀렸다는 것을 증명하고 싶었다. 1966년 4월 19일에 그녀는 남동생 옷으로 자신을 숨기고 출발선 근처의 덤불에 숨었다. 그리고 나서 그녀는 달리는 선수들 무리에 뛰어들어 달리기 시작했다. 그녀는 잘 달렸다. 그녀는 3시간 21분으로 경주를 마쳤다. 그리고 그녀는 남성들의 2/3보다 앞섰다! 그녀는 보스턴 마라톤 대회에서 달리고 완주한 최초의 여성이 되었다.

1967년부터 1971년까지 다른 여성들도 그 경주를 비공식적으로 마쳤다. 그러다 1972년에 그 마라톤은 공식적으로 여성들에게 개방되었다. Bobbi Gibb 덕분에 여성들도 이제 공식적으로 달릴 수 있었다.

문제 해설   **1** 보스턴 마라톤 대회 최초의 여성 참가자 Bobbi Gibb에 관한 내용이므로 ⑤ '보스턴 마라톤 대회에 출전한 최초의 여성'이 가장 적절하다.
① 위대한 여성 운동 선수들
② 마라톤의 역사
③ 세계에서 가장 큰 마라톤 경기
④ 보스턴 마라톤 경기의 여성 우승자들

2 (1) 보스턴 마라톤은 매년 4월 셋째 주 월요일에 개최된다. (2행)
(2) 여성이 공식적으로 출전하기 시작한 해는 1972년부터이다. (12~13행)
(1) 그것은 매년 4월에 개최된다.
(2) 여성은 1966년까지 공식적으로 출전할 수 없었다.

3 1966년 보스턴 마라톤 대회 첫 참가 당시 Bobbi Gibb은 완주했으므로(8~9행) ③은 맞지 않는다.

4 당시에 사람들은 여성이 그렇게 긴 거리를 달릴 수 없을 거라 생각했다고 나온다. (4행)

Q: 왜 여성들은 보스턴 마라톤 대회에 출전할 수 없었는가?

A: 사람들이 여성은 그렇게 긴 거리를 달릴 수 없다고 생각했기 때문에

5 take part in과 바로 다음 문장의 enter 모두 '~에 참가하다'란 뜻이다.

<table>
<tr><td>구문 해설</td><td>01행</td><td colspan="2">It **takes place** *on* the third Monday *in* April.</td></tr>
<tr><td></td><td></td><td colspan="2">• take place는 '개최되다'의 의미이다.</td></tr>
<tr><td></td><td></td><td colspan="2">• 시간을 나타내는 전치사 on 뒤에는 요일/날짜/특정일 등이 오고, in은 달/연도/계절 등 비교적 긴 시간 앞에 쓰인다.</td></tr>
</table>

04행 People thought that women could not run **such a long distance**.

• such는 이미 언급한 것에 대해 '그런'의 뜻으로 쓰인다. such a long distance는 '그렇게 먼 거리'라는 의미이다.

05행 On April 19, 1966, **she** disguised **herself** in her brother's clothes and hid in a bush near the starting line.

• 목적어가 주어 she와 동일하므로 목적어 자리에 재귀대명사 herself(그녀 자신)가 쓰였다. disguised herself는 '자신을 숨기다'의 의미이다.

09행 And she **was ahead of** *two-thirds* of the men!

• be ahead of는 '~보다 앞서다'의 의미이다.

• 분수에서 분자는 기수로, 분모는 서수로 나타낸다. 분모가 1이면 분모에 -s는 붙지 않는다. *cf.* one-third: 1/3

09행 She became the first woman **to run** in and **(to) finish** the Boston marathon.

• to run과 (to) finish는 the first woman을 수식하는 to부정사의 형용사적 용법이다. to부정사가 and로 이어질 경우 뒤에 나오는 to부정사의 to는 종종 생략된다.

31 Smart Vending Machines

p.100

정답   **1** ③   **2** ③   **3** ④   **4** age and gender   **5** They provided over 100,000 free drinks.

지문 해석   일본은 세계에서 일인당 가장 많은 수의 자판기를 보유하고 있다. 일본에는 550만 개의 자판기가 있다. 자판기는 대개 음료수와 과자들을 판매한다. 하지만 일본에는 당신이 살 수 있는 많은 다른 제품들이 있다. 이러한 것들에는 책과 채소, 날계란, 금이 포함된다.

이제 한 새로운 일본 자판기는 심지어 당신에게 품목들을 추천할 수도 있다. 그것은 당신의 나이와 성별을 알아내기 위해 얼굴 인식 기능을 사용한다. 그런 후에 그것은 그것들에 근거하여 당신에게 추천을 해준다. 그 기계는 날씨 상황과 온도도 고려한다. 예를 들어 더운 날에는 그것은 콜라를 제안할지도 모른다. 그리고 추운 날에는 뜨거운 차나 수프를 제안할지도 모른다.

일본의 자판기는 사람들을 돕기도 한다. 그것들은 재난 시 사람들에게 무료 물품을 제공할 수 있다. 2011년에 일본은 쓰나미와 지진을 겪었다. 사람들은 다쳤고 목이 말랐다. 그래서 자판기는 십만 개 이상의 무료 음료수를 제공했다.

문제 해설   **1** 주어진 문장은 자판기가 판매하는 일반적인 제품들에 관한 내용이므로, 자판기가 판매하는 또 다른 제품들을 소개하는 내용 앞인 ③의 위치에 오는 것이 자연스럽다.

2 3~4행에서 일본의 자판기에서 구입 가능한 것으로 책, 채소, 날계란, 금이 언급되어 있다. ③ '의류'는 언급되지 않았다.

3 빈칸 뒤에는 날씨 상황과 온도를 고려해 자판기가 추천하는 품목의 예가 나오므로 ④ '예를 들어'가 가장 자연스럽다.

     ① 첫째로   ② 대신에   ③ 게다가   ⑤ 반면에

4 나이와 성별을 알아낸 후 그것들에 근거하여 추천을 해준다고 했으므로 them은 바로 앞 문장의 age and gender를 가리킨다.

5 2011년 쓰나미와 지진이 있었을 때 자판기가 사람들에게 십만 개 이상의 무료 음료수를 제공했다고 했다. (12~15행)

Q: 2011년에 일본의 자판기는 어떻게 사람들을 도왔는가?

A: 그것들은 십만 개 이상의 무료 음료수를 제공했다.

구문 해설

01행 Japan has **the highest number of** vending machines per person in the world.
• the highest number of는 '가장 많은 수의 ~'라는 의미이다.

02행 But in Japan, there are many other **products** [(**which**[**that**]) you can buy].
• [ ]는 products을 수식하는 관계대명사절이다. 이때 관계대명사절에는 목적격 관계대명사 which 또는 that이 생략되었다.

07행 Then, it gives you a recommendation **based on** them.
• based on은 '~에 근거하여, ~을 바탕으로'의 의미이다.

11행 They can **provide** free things **for** people in disasters.
• 〈provide A for B〉는 'B에게 A를 제공하다'의 의미로 〈provide B with A〉로도 쓸 수 있다.

32 Sir Isaac Newton

정답 **1** ② **2** (1) T (2) F **3** ④ **4** investor **5** fortune

지문 해석

아이작 뉴턴 경은 위대한 영국의 과학자였다. 그의 발견들은 중력, 운동의 법칙, 미적분, 그리고 많은 다른 것들을 포함한다. 비록 똑똑했지만 뉴턴은 훌륭한 투자자는 아니었다. 그는 남해회사(South Sea Company)라고 불리는 한 회사의 주식을 소유했었다. 많은 사람들은 그 회사가 아주 성공할거라고 생각했다. 사실 그 회사의 가치는 한 때 크게 증가했다. 1720년에 뉴턴은 그의 주식을 팔아 7천 파운드를 벌었다. 하지만 뉴턴이 그의 주식을 판 후에 그 회사의 주가는 훨씬 더 올랐다.

뉴턴은 더 많은 돈을 벌고 싶어서 그 회사의 주식을 더 많이 샀다. 그는 그 회사의 가치가 계속해서 오를 것이라고 생각했다. 불행하게도 남해회사 주가는 많이 떨어졌다. 그래서 뉴턴은 약 2만 파운드를 잃었다. 그는 위대한 과학자였지만 주식 시장에서는 거금을 잃었다. 똑똑한 과학자인 것과 똑똑한 투자자인 것 사이에는 큰 차이가 있는 것 같다.

문제 해설

1 위대한 과학자인 아이작 뉴턴이 주식 투자에서 큰 실패를 한 사실을 소개하고 있으므로 ② '아이작 뉴턴의 가장 큰 실수'가 가장 적절하다.
① 무엇이 주가에 영향을 미치는가
③ 아이작 뉴턴의 발견들
④ 남해회사의 가치
⑤ 아이작 뉴턴은 왜 위대한 과학자인가

2 (1) 뉴턴은 중력, 운동의 법칙, 미적분 등을 발견했다. (1~2행)
(2) 1720년 남해회사 주식을 팔아 7,000 파운드를 벌었다. (6행)
(1) 그는 중력을 발견했다.
(2) 그는 주식 시장에서 전혀 돈을 벌지 못했다.

3 주어진 문장은 뉴턴이 돈을 잃었다는 내용이므로 남해회사 주가가 떨어졌다는 내용 뒤인 ④의 위치가 가장 알맞다.

4 뉴턴이 주식 투자에는 실패했다는 내용이 이어지므로 빈칸에는 investor(투자자)가 가장 적절하다. 마지막 문장에 investor가 언급되어 있다.

5 '매우 큰 액수의 돈'을 뜻하는 단어는 fortune(거금)이다. (13행)

[문제] 다음 주어진 뜻을 가진 단어를 글에서 찾아 쓰시오.

구문 해설　　06행　But after Newton sold his stock, the price of the stock in the company rose **even** more.
　　　　　　　　• even은 비교급을 강조하여 '훨씬'이라는 의미를 갖는다.

　　　　　　　13행　**It seems that** there is a big *difference between* being a smart scientist *and* a smart investor.
　　　　　　　　• 〈it seems that + S + V〉는 '~인 것 같다'의 의미이다.
　　　　　　　　• 〈difference between A and B〉는 'A와 B 사이의 차이점'이란 뜻이다.

focus On Sentences
p.104

Ⓐ **1** 처음에 미국인들은 그것을 등대로 사용했다.

2 그녀는 남동생 옷으로 자신을 숨겼다.

3 비록 똑똑했지만 뉴턴은 훌륭한 투자자는 아니었다.

4 똑똑한 과학자인 것과 똑똑한 투자자인 것 사이에는 큰 차이가 있는 것 같다.

Ⓑ **1** People thought that women could not run such a long distance.

2 In Japan, there are many other products you can buy.

3 They can provide free things for people in disasters.

Ⓒ **1** It takes place on the third Monday in April.

2 Every year, 30,000 men and women take part in it.

3 It gives you a recommendation based on them.

WORKBOOK ANSWER KEYS

UNIT **01** p.02~03

A 1 neat 단정한   2 relax 완화하다
3 ban 금지하다   4 graceful 우아한
5 tropical 열대의   6 share 공유하다
7 survey 설문 조사하다   8 cause 야기하다

B 1 ③   2 ⑤

C 1 keep in touch   2 was willing to
3 up to

D 1 A few   2 little
3 a few   4 little

E 1 leave me alone
2 made her famous
3 keeps his desk clean

F 1 is more likely to win the game
2 spends many hours playing computer games
3 posted some pictures on her blog
4 Until the early twentieth century

UNIT **02** p.04~05

A 1 charity 자선 단체   2 note 쪽지, 메모
3 various 다양한   4 belongings 소지품
5 include 포함하다   6 plentiful 풍부한
7 mission 임무   8 exotic 이국적인

B 1 ④   2 ①

C 1 ended up   2 decided to
3 far from

D 1 have, finished   2 Have, been
3 has gone   4 has had

E 1 for   2 since
3 for   4 since

F 1 The actor was once famous
2 was not easy to understand
3 so happy to pass the exam
4 He spoke it as a joke

UNIT **03** p.06~07

A 1 valuable 값비싼   2 funeral 장례식
3 draw 그리다   4 repair 수리
5 borrow 빌리다   6 nutritious 영양분이 많은
7 lend 빌려주다   8 own 소유하다

B 1 ①   2 ③

C 1 for free   2 is worth
3 checked out

D 1 anything to drink   2 time to go to bed
3 a shirt to wear

E 1 is read by   2 was painted by
3 was designed by

F 1 what she learned at school
2 want me to become a teacher
3 every situation to his advantage
4 kite shaped like a ray

UNIT **04** p.08~09

A 1 rare 드문   2 upset 화난, 속상한
3 incredible 믿을 수 없는
4 spear 창   5 travel 가다, 이동하다
6 cure 치료하다   7 poison 독
8 branch 나뭇가지

B 1 ③   2 ③

C 1 worked as   2 got interested in
2 picked up

D 1 I want Kevin to go with me.
2 Please ask them to be quiet.
3 My mother taught me to cook pasta.

E 1 나는 너무 피곤해서 공부를 할 수 없었다.
2 Alex는 너무 어려서 롤러코스터를 탈 수 없다.
3 그들은 너무 늦게 일어나서 일출을 볼 수 없었다.

F 1 He stopped teaching and decided to become a lawyer.
2 It is possible to go there by bus.
3 is too small to have the piano
4 The teacher wanted us to come on time.

A 1 wish 바라다, 빌다   2 patient 환자
   3 area 지역   4 cell 세포
   5 object 물건, 물체   6 pollution 오염
   7 arrest 체포하다   8 opposite 반대
B 1 ②   2 ③
C 1 got into trouble   2 break down
   3 made a mess
D 1 made me cry   2 has me do the dishes
   3 let us use
E 1 as hot as   2 not as fast as
   3 as interesting as
F 1 Pepper is widely used
   2 good way to learn a foreign language
   3 in order to solve this problem
   4 could not escape from the building

A 1 spoil 상하다, 썩다   2 ideal 이상적인
   3 tragedy 비극   4 frozen 얼어 붙은
   5 thirsty 목마른   6 store 보관[저장]하다
   7 sink 가라앉다   8 sprout 싹이 나다
B 1 ④   2 ②
C 1 far away   2 is famous for
   3 cut away
D 1 who taught me English last year
   2 who lost her mother
   3 which was made in France
E 1 not only tall but also strong
   2 not only English but also Chinese
   3 Not only I but also my friends
F 1 either bus or train
   2 Keep your back straight
   3 The tea is too hot to drink.
   4 the best time to visit Prague

A 1 initial (이름의) 첫 글자
   2 raise 재배하다, 기르다
   3 respect 존중[존경]하다
   4 ignore 무시하다   5 addiction 중독
   6 ancient 고대의   7 flavor 풍미, 맛
   8 shade 그늘지게 하다
B 1 ②   2 ④
C 1 is named after   2 is filled with
   3 dates back to
D 1 which Stacy gave to me
   2 who(m) I met
   3 which I lost yesterday
E 1 bored   2 interesting
   3 tired   4 amazing
F 1 are not allowed to have food
   2 good for both body and mind
   3 This tea helps you sleep well.
   4 Sally was satisfied with her test result.

A 1 free 공짜의   2 distance 거리
   3 recommend 추천하다   4 continue 계속하다
   5 fortune 운; 재산, 거금   6 prove 증명하다
   7 value 가치   8 anniversary 기념일
B 1 ③   2 ①
C 1 find out   2 based on
   3 takes place
D 1 himself   2 herself
   3 myself   4 ourselves
E 1 Although I got up so late, I arrived on time.
   2 James did not feel better although he took medicine.
   3 Although the runner fell down, she finished the marathon.
F 1 He uses the basement as his office.
   2 It seems that there is no secret
   3 such a beautiful house
   4 provides free meals for students

MEMO

MEMO

MEMO

내신공략! 독해공략!

내공 중학영어독해

● 재미있고 유익한 소재의 **32개 지문**

● 중등 영어교과서 **핵심 문법** 연계

● 내신 대비 **서술형 문항** 강화

● 어휘·문법·구문 복습을 위한 **워크북** 제공

● 내신 기출 유형으로만 구성된 **추가 문항** 제공

온라인 학습자료 www.darakwon.co.kr

• MP3 파일   • 단어 리스트

• 단어 테스트   • Dictation Sheet

• 지문 해석 Worksheet   • Final Test 8회

문제 출제 프로그램 voca.darakwon.co.kr

• 다양한 형태의 단어 테스트 제작·출력 가능

내신공략! 독해공략!

내공
중학영어독해

기본 **1**

Workbook

 DARAKWON

UNIT 01 / REVIEW TEST

A 다음 영영풀이에 알맞은 단어를 골라 쓴 후 우리말 뜻을 쓰시오.

share	neat	survey	relax
ban	cause	tropical	graceful

1 clean and organized _____ _____

2 to make a rule less strict _____ _____

3 to make something not allowed _____ _____

4 moving in a smooth and attractive way _____ _____

5 in or from the hottest parts of the world _____ _____

6 to have or use something with other people _____ _____

7 to ask people questions to find out their opinions _____ _____

8 to make something happen, usually something bad _____ _____

B 밑줄 친 단어와 비슷한 의미의 단어를 고르시오.

1 Do the buses run <u>frequently</u> on Sundays?
　① late　　　② rarely　　　③ often　　　④ quickly

2 When she got her test back, she was <u>disappointed</u>.
　① angry　　② bored　　③ excited　　⑤ unhappy

C 다음 문장의 빈칸에 들어갈 알맞은 말을 골라 쓰시오.

up to	keep in touch	was willing to

1 Cathy and I usually _____ by e-mail.

2 The king _____ do anything for the princess.

3 You can keep this sauce in the refrigerator _____ 10 days.

D 다음 (   ) 안에서 알맞은 것을 고르시오.

1 (A few / a little) students did their homework.

2 There is only (few / little) water in the glass.

3 In (a few / a little) weeks, we will have a new car.

4 Please hurry up. We have very (few / little) time.

E 우리말과 같은 뜻이 되도록 (   ) 안의 말을 이용하여 문장을 완성하시오.

1 나를 좀 혼자 내버려두세요. (alone)

Please _____ _____ _____.

2 그녀의 목소리는 그녀를 유명하게 만들었다. (famous)

Her voice _____ _____ _____.

3 Albert는 항상 그의 책상을 깨끗하게 유지한다. (clean)

Albert always _____ _____ _____ _____.

Writing Practice

F 우리말과 같은 뜻이 되도록 주어진 말을 바르게 배열하시오.

1 우리 팀은 그 경기에서 이길 가능성이 더 높다. (win, likely, is, more, the, to, game)

Our team _____.

2 Kevin은 많은 시간을 컴퓨터 게임을 하며 보낸다.
(spends, playing, many, computer, hours, games)

Kevin _____.

3 그녀는 몇 장의 사진을 그녀의 블로그에 게시했다. (pictures, blog, some, her, posted, on)

She _____.

4 20세기 초반까지, 여자들은 투표를 할 수 없었다. (century, the, until, early, twentieth)

_____, women could not vote.

Vocabulary Practice

A 다음 영영풀이에 알맞은 단어를 골라 쓴 후 우리말 뜻을 쓰시오.

note	exotic	mission	include
belongings	plentiful	charity	various

1 an organization that helps people in need _____ _____

2 a short piece of writing _____ _____

3 many different _____ _____

4 the things that you own _____ _____

5 to have something as a part _____ _____

6 enough, or more than enough _____ _____

7 something that you feel you must do _____ _____

8 unusual or not familiar _____ _____

B 밑줄 친 단어와 비슷한 의미의 단어를 고르시오.

1 My father was very <u>shocked</u> to hear the news.

① sorry ② happy ③ excited ④ surprised

2 I <u>received</u> a package from my friend in France.

① got ② sent ③ took ④ brought

C 다음 문장의 빈칸에 들어갈 알맞은 말을 골라 쓰시오.

far from	ended up	decided to

1 My friend _____ getting a job instead of studying.

2 John _____ go to medical school to become a doctor.

3 I can walk to my work because it is not _____ my house.

D 우리말과 같은 뜻이 되도록 ( ) 안의 말을 이용하여 문장을 완성하시오.

1 그들은 그 일을 이미 끝냈다. (finish)

They _____ already _____ the work.

2 너는 외국에 가본적이 있니? (be)

_____ you ever _____ to a foreign country?

3 그녀는 스페인으로 가고 없다. (go)

She _____ _____ to Spain.

4 Steve는 어렸을 때부터 개를 키우고 있다. (have)

Steve _____ _____ a dog since he was a child.

E 다음 ( ) 안에서 알맞은 것을 고르시오.

1 Victor has been sick (for, since) two weeks.

2 Jane has worked for the company (for, since) last month.

3 Sarah has taught English (for, since) many years.

4 I have known Tom (for, since) we were in elementary school.

Writing Practice

F 우리말과 같은 뜻이 되도록 주어진 말을 바르게 배열하시오.

1 그 배우는 한때 유명했지만 지금은 아무도 그를 모른다. (was, famous, the, once, actor)

_____ but nobody knows him now.

2 그 책은 이해하기가 쉽지 않았다. (easy, not, understand, to, was)

The book _____ .

3 Sally는 그 시험에 합격해서 매우 기뻤다. (happy, so, pass, exam, to, the)

Sally was _____ .

4 그는 그것을 농담으로 말했지만, 아무도 웃지 않았다. (as, he, spoke, joke, it, a)

_____ but nobody laughed.

Vocabulary Practice

A 다음 영영풀이에 알맞은 단어를 골라 쓴 후 우리말 뜻을 쓰시오.

draw	funeral	valuable	nutritious
borrow	repair	own	lend

1 worth a lot of money _____ _____

2 a ceremony after someone dies _____ _____

3 to create a picture with a pen or pencil _____ _____

4 the act of fixing something broken _____ _____

5 to use someone else's thing for a short time _____ _____

6 full of substances that are good for your body _____ _____

7 to let someone use your thing for a short time _____ _____

8 to legally have something _____ _____

B 밑줄 친 단어와 비슷한 의미의 단어를 고르시오.

1 Every student should attend the graduation ceremony.

① go to ② pay for ③ search for ④ look around

2 You can reserve the tickets online.

① take ② sell ③ book ④ cancel

C 다음 문장의 빈칸에 들어갈 알맞은 말을 골라 쓰시오.

checked out	is worth	for free

1 Nobody wants to work _____.

2 The vase _____ hundreds of dollars.

3 Kelly _____ a few books from the library.

D 우리말과 같은 뜻이 되도록 주어진 말을 바르게 배열하시오.

1 목이 말라. 마실 것 좀 있니? (to, anything, drink)

I'm thirsty. Is there _____?

2 자러 갈 시간이다. (bed, to, go, time, to)

It's _____.

3 그는 파티에서 입을 셔츠가 필요하다. (to, shirt, wear, a)

He needs _____ to the party.

E 다음 문장을 수동태 문장으로 바꾸어 쓰시오.

1 People of all ages read this book.

→ This book _____ _____ _____ people of all ages.

2 A famous painter painted the picture.

→ The picture _____ _____ _____ a famous painter.

3 Gustave Eiffel designed the Eiffel Tower.

→ The Eiffel Tower _____ _____ _____ Gustave Eiffel.

F 우리말과 같은 뜻이 되도록 주어진 말을 바르게 배열하시오.

1 그녀는 학교에서 배운 것을 복습하고 있다. (she, what, at, learned, school)

She is reviewing _____.

2 나의 부모님은 내가 교사가 되길 원하신다. (want, a, become, to, me, teacher)

My parents _____.

3 그는 모든 상황을 그에게 유리하게 사용한다. (situation, to, every, advantage, his)

He uses _____.

4 Nick은 가오리 모양의 연을 날리고 있다. (ray, like, kite, a, shaped)

Nick is flying a _____.

UNIT **04** / REVIEW TEST

Vocabulary Practice

A 다음 영영풀이에 알맞은 단어를 골라 쓴 후 우리말 뜻을 쓰시오.

rare	upset	spear	travel
cure	poison	branch	incredible

1 not happening very often _____ _____

2 very sad, worried, and angry _____ _____

3 surprising, or difficult to believe _____ _____

4 a long weapon with a sharp end _____ _____

5 to go from one place to another _____ _____

6 to make you healthy after an illness _____ _____

7 a substance that can make you ill or die _____ _____

8 a part of a tree that grows out from the trunk _____ _____

B 밑줄 친 단어와 비슷한 의미의 단어를 고르시오.

1 The company <u>developed</u> a new software.

① sold   ② gave   ③ created   ④ introduced

2 I <u>would like to</u> join the drama club.

① plan to   ② need to   ③ want to   ④ expect to

C 다음 문장의 빈칸에 들어갈 알맞은 말을 골라 쓰시오.

worked as	picked up	got interested in

1 She has _____ CEO for five years.

2 He _____ photography when he was ten.

3 I _____ a wallet and took it to the police station.

D 다음 밑줄 친 부분을 어법에 맞게 고쳐 문장을 다시 쓰시오.

1 I want Kevin <u>going</u> with me.

→ _____

2 Please ask them <u>to being</u> quiet.

→ _____

3 My mother taught me <u>cook</u> pasta.

→ _____

E 다음 문장을 밑줄 친 부분에 유의하여 우리말로 해석하시오.

1 I was <u>too tired to study</u>.

→ _____

2 Alex is <u>too young to ride</u> the rollercoaster.

→ _____

3 They got up <u>too late to watch</u> the sunrise.

→ _____

Writing Practice

F 우리말과 같은 뜻이 되도록 주어진 말을 바르게 배열하시오.

1 그는 가르치는 것을 그만두고 변호사가 되기로 결심했다.
(teaching, a, decided, stopped, and, become, to, he, lawyer)

_____

2 거기에 버스로 가는 것은 가능하다. (is, go, bus, possible, there, to, it, by)

_____

3 그 방은 너무 작아서 그 피아노를 놓을 수 없다. (too, piano, is, small, have, to, the)

The room _____ .

4 선생님은 우리가 제 시간에 오기를 원했다. (us, wanted, teacher, on time, come, to, the)

_____

UNIT **05** / REVIEW TEST

A 다음 영영풀이에 알맞은 단어를 골라 쓴 후 우리말 뜻을 쓰시오.

area	wish	arrest	pollution
cell	patient	object	opposite

1 to want something to happen _____ _____

2 someone who is receiving medical treatment _____ _____

3 a part of a city, town, country, etc. _____ _____

4 the smallest part of a living thing _____ _____

5 anything that has a fixed shape or form _____ _____

6 the process of making air, water, soil dirty _____ _____

7 to take a person to the police station _____ _____

8 something that is completely different _____ _____
from something else

B 밑줄 친 단어와 비슷한 의미의 단어를 고르시오.

1 I was <u>ill</u> yesterday but feel better today.

① sad   ② sick   ③ tired   ④ upset

2 Fishermen are picking up <u>litter</u> in the sea.

① fish   ② nets   ③ trash   ④ bottles

C 다음 문장의 빈칸에 들어갈 알맞은 말을 골라 쓰시오.

made a mess	break down	got into trouble

1 Kevin often _____ with his classmates.

2 Please throw away the garbage that can _____.

3 The children _____ in the classroom so they had to clean
it.

D   우리말과 같은 뜻이 되도록 (   )안의 말을 이용하여 문장을 완성하시오.

1   그 영화는 나를 울게 만들었다. (made)

The movie _____ _____ _____.

2   엄마는 보통 나에게 설거지를 시키신다. (have)

My mom usually _____ _____ _____ _____ _____.

3   선생님은 우리들이 수업 중에 휴대전화를 사용하는 것을 허락하지 않는다. (let)

My teacher doesn't _____ _____ _____ cell phones in class.

E   우리말과 같은 뜻이 되도록 문장을 완성하시오.

1   오늘은 어제만큼 덥다.

Today is _____ yesterday.

2   내 컴퓨터는 네 것만큼 빠르지 않다.

My computer is _____ yours.

3   이 책은 저 책만큼 재미있다.

This book is _____ that one.

F   우리말과 같은 뜻이 되도록 주어진 말을 바르게 배열하시오.

1   후추는 인도 요리에서 널리 사용된다. (used, pepper, widely, is)

_____ in Indian cooking.

2   외국어를 배우는 좋은 방법이 있습니까? (learn, foreign, way, a, language, to, good)

Is there a _____?

3   우리는 이 문제를 해결하기 위해 협력해야 한다. (problem, solve, to, in, this, order)

We need to work together _____.

4   아무도 그 건물에서 빠져나가지 못했다. (escape, the, could, from, not, building)

Nobody _____.

Vocabulary Practice

A 다음 영영풀이에 알맞은 단어를 골라 쓴 후 우리말 뜻을 쓰시오.

sink	spoil	tragedy	ideal
store	thirsty	frozen	sprout

1 to go bad _____ _____

2 perfect; the best _____ _____

3 a very sad event or situation _____ _____

4 turned into or covered with ice _____ _____

5 feeling that you want or need a drink _____ _____

6 to keep something in a particular place _____ _____

7 to go down below the surface of the water _____ _____

8 to produce new shoots or leaves _____ _____

B 밑줄 친 단어와 비슷한 의미의 단어를 고르시오.

1 Orange juice <u>contains</u> a lot of vitamin C.

① adds   ② costs   ③ tastes   ④ includes

2 I think this door is <u>unlocked</u>.

① safe   ② open   ③ closed   ④ broken

C 다음 문장의 빈칸에 들어갈 알맞은 말을 골라 쓰시오.

cut away	far away	is famous for

1 Don't swim _____ from the shore.

2 The city _____ its beautiful harbor.

3 He _____ all the dead wood from the tree.

D 다음 두 문장을 관계대명사 **who** 또는 **which**를 이용하여 한 문장으로 만드시오.

1 I remember the teacher. He taught me English last year.

→ I remember the teacher _____ .

2 This movie is about a girl. She lost her mother.

→ This movie is about a girl _____ .

3 She has a nice bracelet. It was made in France.

→ She has a nice bracelet _____ .

E 우리말과 같은 뜻이 되도록 문장을 완성하시오.

1 내 여동생은 키가 클 뿐만 아니라 힘도 세다.

My sister is _____ _____ _____ _____ _____ .

2 Alex는 영어뿐만 아니라 중국어도 한다.

Alex speaks _____ _____ _____ _____ _____ .

3 나뿐만 아니라 내 친구들도 수영을 배운다.

_____ _____ _____ _____ _____ _____ _____

learn to swim.

F 우리말과 같은 뜻이 되도록 주어진 말을 바르게 배열하시오.

1 우리는 거기에 버스나 기차로 갈 수 있다. (bus, or, either, train)

We can get there by _____ .

2 책상에 앉아 있을 때 등을 곧게 유지해라. (straight, back, keep, your)

_____ when you sit at a desk.

3 그 차는 너무 뜨거워서 마실 수가 없다. (to, hot, the, drink, is, too, tea)

_____

4 가을은 프라하를 방문하기에 가장 좋은 때이다. (visit, best, Prague, to, time, the)

Fall is _____ .

UNIT **07** / REVIEW TEST

Vocabulary Practice

A 다음 영영풀이에 알맞은 단어를 골라 쓴 후 우리말 뜻을 쓰시오.

ancient	initial	flavor	respect
shade	raise	ignore	addiction

1 the first letter of your name _____ _____

2 to keep an animal or grow crops _____ _____

3 to have a good opinion of someone _____ _____

4 to pay no attention to something _____ _____

5 a very strong need to do a certain activity _____ _____

6 belonging to a time long ago in history _____ _____

7 the particular taste of a food or drink _____ _____

8 to protect something from direct light _____ _____

B 밑줄 친 단어와 비슷한 의미의 단어를 고르시오.

1 This train <u>connects</u> all major cities of Germany.

① gets ② links ③ stops ④ leaves

2 The medicine is even <u>harmful to</u> adults.

① useful to ② helpful to ③ important to ④ dangerous to

C 다음 문장의 빈칸에 들어갈 알맞은 말을 골라 쓰시오.

is named after	is filled with	dates back to

1 The art gallery _____ the artist.

2 The wall _____ pictures of the family.

3 The tradition _____ the sixteenth century.

D 다음 두 문장을 관계대명사 who(m) 또는 which를 이용하여 한 문장으로 만드시오.

1 I opened the card. Stacy gave it to me.

→ I opened the card _____.

2 The people were friendly. I met them.

→ The people _____ were friendly.

3 I found the keys. I lost them yesterday.

→ I found the keys _____.

E 다음 ( ) 안에서 알맞은 것을 고르시오.

1 We felt so (boring, bored) in the museum.

2 I read an (interesting, interested) article in the newspaper.

3 Jessica looked so (tiring, tired) in class today.

4 The food at the restaurant was (amazed, amazing).

F 우리말과 같은 뜻이 되도록 주어진 말을 바르게 배열하시오.

1 학생들은 도서관에서 음식을 먹는 것이 허용되지 않는다. (food, allowed, not, have, are, to)

Students _____ in the library.

2 운동은 몸과 마음에 둘 다 좋다. (body, mind, and, for, both, good)

Exercise is _____.

3 이 차는 당신이 잠을 잘 자도록 돕는다. (you, tea, well, helps, sleep, this)

_____

4 Sally는 그녀의 시험 결과에 만족했다. (satisfied, her, with, result, was, test, Sally)

_____

Vocabulary Practice

A 다음 영영풀이에 알맞은 단어를 골라 쓴 후 우리말 뜻을 쓰시오.

free	distance	prove	anniversary
continue	value	recommend	fortune

1 not costing any money _____ _____

2 the amount of space between two places _____ _____

3 to say that something is good _____ _____

4 to keep doing something _____ _____

5 luck; a very large amount of money _____ _____

6 to show that something is true _____ _____

7 the amount that something is worth _____ _____

8 a date when you celebrate something _____ _____

B 밑줄 친 단어와 비슷한 의미의 단어를 고르시오.

1 He gave the <u>wrong</u> answer to the teacher's question.
　① wise　　　② honest　　　③ incorrect　　　④ excellent

2 The temperature suddenly <u>dropped</u> at night.
　① fell　　　② stopped　　　③ changed　　　④ increased

C 다음 문장의 빈칸에 들어갈 알맞은 말을 골라 쓰시오.

based on	find out	takes place

1 Scientists still try to _____ the secret of universe.

2 The book was written _____ her personal experience.

3 La Tomatina Festival _____ on the last Wednesday of August.

D 다음 밑줄 친 부분을 어법에 맞게 고쳐 쓰시오.

1 The new student introduced <u>him</u> to the class. _____

2 She was very proud of <u>her</u>. _____

3 I cut <u>me</u> with a knife by accident. _____

4 After exercise, we all feel good about <u>us</u>. _____

E 다음 두 문장을 **although**를 이용하여 한 문장으로 만드시오.

1 I got up so late. I arrived on time.

→ _____

2 James did not feel better. He took medicine.

→ _____

3 The runner fell down. She finished the marathon.

→ _____

F 우리말과 같은 뜻이 되도록 주어진 말을 바르게 배열하시오.

1 그는 지하실을 그의 사무실로 사용한다. (basement, uses, his, as, office, the, he)

_____

2 세상에는 비밀이 없는 것 같다. (that, seems, no, is, it, there, secret)

_____ in the world.

3 나는 그렇게 아름다운 집을 본적이 없다. (beautiful, a, such, house)

I have never seen _____.

4 그 학교는 학생들에게 무료 식사를 제공한다. (provides, for, meals, students, free)

The school _____.

MEMO

MEMO

MEMO

MEMO